찬도갸 우파니샤드

찬도갸 우파니샤드

2023년 11월 10일 초판 1쇄 인쇄
2023년 11월 20일 초판 1쇄 발행

옮긴이 남수영
펴낸이 정창진
펴낸곳 다르샤나
출판등록 제2022-000005호
주소 서울시 종로구 인사동11길 16, 403호(관훈동)
전화번호 (02)871-0213
전송 0504-170-3297

ISBN 979-11-983586-2-2 93270
Email yoerai@hanmail.net
blog naver.com/yoerai

값은 뒤표지에 있습니다.

찬도갸 우파니샤드

Chāndogya Upanisad

남수영 옮김

다르샤나

| 머리말 |

『찬도갸 우파니샤드』는 『찬도갸 브라마나』의 일부이다. 『찬도갸 브라마나』는 『사마 베다』 계통의 브라마나로서 모두 10장으로 구성되어 있는데, 그 가운데 제1장과 제2장은 다양한 제식 및 다양한 숭배의 형태를 다루며, 그 부분을 제외한 나머지 8장이 『찬도갸 우파니샤드』를 형성한다. '찬도갸'(chāndogya)란 '찬도가(chandoga)와 관련된 가르침'을 의미하는데, '찬도가'는 소마 제사에서 『사마 베다』의 찬가를 암송하는 우드가트리 바라문을 의미한다. 그러므로 『찬도갸 우파니샤드』는 '찬도가 즉 우드가트리 바라문을 위한 가르침을 담고 있는 우파니샤드'라는 의미이다.

『찬도갸 우파니샤드』는 여러 우파니샤드 중에서도 최고층에 속하는 중요한 우파니샤드인데, 각 장의 내용은 다음과 같다. 제1장과 제2장에는 사만에 대한 다양한 설명들, 제3장에는 베다와 우파니샤드에 대한 다양한 설명들과 브라만에 대한 가르침, 제4장에는 라이크바의 가르침과 사티야카마 및 우파코사라의 이야기, 제5장에는 슈베타케투 및 아슈바파티의 이야기, 제6장에는 아트만에 대한 우다라카의 가르침, 제7장에는 아트만에 대한 사나트쿠마라의 가르침, 제8장에는 아트만에 대한 프라자파티의 가르침이 포함되어 있다.

역자는 이 번역에서 GRETIL(Göttingen Register of Electronic Texts in Indian Languages)에 업로드되어 있는 로마자로 변환된 산스크리트문을

사용하였는데, 그것은 V.P. Limaye and R.D. Vadekar ed., *Eighteen Principal Upanisads*, vol. 1 (Poona 1958)을 바탕으로 한 것이다.

또한 역자는 이 책을 번역하면서 ① R. E. Hume tr., *The Thirteen Principle Upanishad*(Oxford University Press, 1968), ② S. Radhakrishnan tr., *The Principle Upaniṣads*(George Allen & Unwin Ltd, 1968), ③ Patrick Olivelle tr., *The Early Upaniṣads*(Oxford University Press, 1998), ④ Swami Muni Narayana Prasad tr., *Chandogya upanishad with the original text in Sanskrit and roman transliteration*(DK Print World, 2006), ⑤ 임근동 옮김, 『우파니샤드』, (을유문화사, 2012), ⑥ 宇井伯壽 等譯, 『ウパニシャット全書』 제3권, 世界文庫刊行會編(東方出版, 1980) 등을 참고하였는데, 본문의 미주에서 ①은 'Hume', ②는 'Radhakrishnan', ③은 'Olivelle', ④는 'Swami', ⑤는 '임근동'이라고 표기하였고, 역자의 주석은 '역주'라고 표기하였다.

끝으로 어려운 상황 속에서도 흔쾌하게 이 책의 출판을 허락해 주신 다르샤나 출판사의 정찬진 사장님께 감사의 말씀을 드린다.

2023년 3월

남수영

Chandogya upanishad

| 차례 |

Chandogya upanishad

| 약호표 |

ABr.	Aitareya Brāhmaṇa
AJP.	*American Journal of Philosophy*
AU.	Aitareya Upaniṣad
AV.	Atharva Veda
BR.	Böhtlingk and Roth's great Sanskrit Dictionary, 7vols., St. Petersburg, 1855-1875.
BU.	Bṛhadāraṇyaka Upaniṣad
BS.	Brahma Sūtra
CU.	Chāndogya Upaniṣad
JAOS.	*Journal of the American Oriental Society*.
Kaṭha	Kaṭha Upaniṣad
KU.	Kauṣitakī Upaniṣad
Maitrī	Maitrī Upaniṣad
MU.	Muṇḍaka Upaniṣad
RV.	Rig Veda
SV.	Sama Veda
TU.	Taittirīya Upaniṣad
Up.	Upaniṣad
VS.	Vājasaneyi Saṁhitā
Īśa	Īśa Upaniṣad
ŚBr.	Śatapatha Brāhmaṇa
ŚU.	Śvetāśvatara Upaniṣad
TU.	Taittirīya Upaniṣad

첫 번째 프라파타카

사만에 대한 다양한 설명들 1

첫 번째 프라파타카; 사만에 대한 다양한 설명들[001] 1

첫 번째 칸다 : 우드기타와 '옴'[002]

1. [사람은] '옴'이라는 이 음절을 우드기타라고 숭배해야 한다. 왜냐하면 [사람은] '옴'이라고 [말하면서] 우드기타를 시작하기 때문이다. 그에 대한 자세한 설명은 [다음과 같다].

oṁ ity etad akṣaram udgītham upāsīta । oṁ iti hy udgāyati । tasyop-avyākhyānam ॥

2. [여기] 이 사물들의 정수는 땅이다. 땅의 정수는 물이다. 물의 정수는 초목이다. 초목의 정수는 사람이다. 사람의 정수는 말(vāc, 言)이다. 말의 정수는 리그[003]이다. 리그의 정수는 사만이다. 사만의 정수는 우드기타이다.

eṣāṃ bhūtānāṃ pṛthivī rasaḥ । pṛthivyā āpo rasaḥ । apām oṣadhayo rasaḥ । oṣadhīnāṃ puruṣo rasaḥ । puruṣasya vāg rasaḥ । vāca ṛg rasaḥ । ṛcaḥ sāma rasaḥ । sāmna udgītho rasaḥ ॥

3. [그러므로] 그 [우드기타]는 정수 중의 정수이며, 최고의 [정수]이며, 뛰어난 [정수]이며, 여덟 번째의 [정수]이다.

sa eṣa rasānāṃ rasatamaḥ paramaḥ parārdhyo 'ṣṭamo yad udgīthaḥ ||

4. '어떤 것과 어떤 것이 리그인가? 어떤 것과 어떤 것이 사만인가? 어떤 것과 어떤 것이 우드기타인가?'라는 토론이 있었다.

katamā katamark katamat katamat sāma katamaḥ katama udgītha iti vimṛṣṭaṃ bhavati ||

5. 말(言)은 리그이다. 숨은 사만이다. '옴'이라는 음절은 우드기타이다. 말과 숨은 한짝이다. 그리고 리그와 사만은 한 짝이다.

vāg evark | prāṇaḥ sāma | om ity etad akṣaram udgīthaḥ | tad vā etan mithunaṃ yad vāk ca prāṇaś evark ca sāma ca ||

6. 그 짝들은 '옴'이라는 음절 속에서 [함께] 결합한다. 그 짝들이 서로 만날 때 그것들은 각각 서로의 욕망을 성취한다.

tad etan mithunam om ity etasminn akṣare saṃsṛjyate | yadā vai mithunau samāgacchata āpayato vai tāv anyo 'nyasya kāmam ||

7. 그것을 그렇게 알고, ['옴'이라는] 소리를 우드기타라고 숭배하는 자, 그는 욕망을 성취하는 자가 된다.

āpayitā ha vai kāmānāṃ bhavati ya etad evaṃ vidvān akṣaram udgītham upāste ||

8. ['옴']은 찬성의 소리이다. 왜냐하면 사람이 어떤 것을 찬성할 때에는 언제나 '옴'이라고 말하기 때문이다. 찬성은 성취이다. 그것을 그렇게

알고, 우드기타를 ['옴'이라는] 소리로 숭배하는 자, 그는 욕망을 성취하는 자가 된다.

tad vā etad anujñākṣaram | yaddhi kiṃ cānujānāty om ity eva tad āha | eṣo eva samṛddhir yad anujñā | samardhayitā ha vai kāmānā-ṃ bhavati ya etad evaṃ vidvān akṣaram udgītham upāste ||

9. 세 가지 베다[004]는 ['옴']과 함께 시작한다. [아드바류 바라문]은 '옴'이라고 말하면서 [『야주르 베다』]를 낭송한다. [호트리 바라문]도 '옴'이라고 말하면서 [『리그 베다』]를 찬양한다. [우드가트리 바라문]도 '옴'이라고 말하면서 [『사마 베다』]를 노래한다.[005] ['옴'이라는] 소리의 찬양을 위해서, 그 위대함과 함께, 그것의 정수와 함께 [노래한다].

teneyaṃ trayī vidyā vartate | om ity āśrāvayati | om iti śaṃsati | om ity udgāyati | etasyaivākṣarasyāpacityai mahimnā rasena ||

10. 그것을 그렇게 아는 자와 모르는 자, 그 두 사람은 모두 ['옴']을 가지고 [제사를] 지낸다. 그러나 아는 자와 모르는 자는 다른 것이다. 실로 지식과 믿음과 『우파니샤드』의 신비한 지식을 가지고 [제사를] 행한 자, 그는 더욱 [많은] 힘을 가지게 된다. 이것이 그 ['옴'이라는] 소리에 대한 설명들이다.

tenobhau kurutaḥ | yaś caitad evaṃ veda yaś ca na veda | nānā tu vidyā cāvidyā ca | yad eva vidyayā karoti śraddhayopaniṣa-dā tad eva vīryavattaraṃ bhavatīti khalv etasyaivākṣarasyopa-vyākhyānaṃ bhavati ||

두 번째 칸다 : 우드기타와 숨[006]

1. 프라자파티의 자손인 신과 악마들이 서로 싸우고 있었다. 신들은 우드기타에 대해서 이렇게 생각했다. '우리는 [우드기타]를 가지고 [악마]들을 정복하리라.'

devāsurā ha vai yatra saṃyetire | ubhaye prājāpatyās taddha devā udgītham ājahrur anenainān abhibhaviṣyāma iti ||

2. [신]들은 콧속에 있는 숨을 우드기타라고 숭배하였다. [그러자] 악마들은 [콧속에 있는 숨]을 악으로 꿰뚫었다. 그러므로 사람은 좋은 냄새와 나쁜 냄새를 모두 맡는다. 왜냐하면 그것은 악에 의해서 꿰뚫어졌기 때문이다.

te ha nāsikyaṃ prāṇam udgītham upāsāṃcakrire | taṃ hāsurāḥ pāpmanā vividhuḥ | tasmāt tenobhayaṃ jighrati surabhi ca durgandhi ca | pāpmanā hy eṣa viddhaḥ||

3. 그러자 [신]들은 말(vāc)을 우드기타로 숭배하였다. [그러자] 악마들은 [말]을 악으로 꿰뚫었다. 그러므로 사람은 진실과 거짓을 모두 말한다. 왜냐하면 그것은 악에 의해서 꿰뚫어졌기 때문이다.

atha ha vācam udgītham upāsāṃcakrire | tāṃ hāsurāḥ pāpmanā vividhuḥ | tasmāt tayobhayaṃ vadati satyaṃ cānṛtaṃ ca | pāpmanā hy eṣā viddhā ||

4. 그러자 [신]들은 눈을 우드기타로 숭배하였다. [그러자] 악마들은 [눈]을 악으로 꿰뚫었다. 그러므로 사람은 보기 좋은 것과 보기 싫은 것을

모두 본다. 왜냐하면 그것은 악으로 꿰뚫어졌기 때문이다.

atha ha cakṣur udgītham upāsāṃcakrire । taddhāsurāḥ pāpmanā vividhuḥ । tasmāt tenobhayaṃ paśyati darśanīyaṃ cādarśanīyaṃ ca । pāpmanā hy etad viddham ॥

5. 그러자 [신]들은 귀를 우드기타로 숭배하였다. [그러자] 악마들은 [귀]를 악으로 꿰뚫었다. 그러므로 사람은 듣기 좋은 것과 듣기 싫은 것을 모두 듣는다. 왜냐하면 그것은 악으로 꿰뚫어졌기 때문이다.

atha ha śrotram udgītham upāsāṃcakrire । taddhāsurāḥ pāpmanā vividhuḥ । tasmāt tenobhayaṃ śṛṇoti śravaṇīyaṃ cāśravaṇīyaṃ ca । pāpmanā hy etad viddham ॥

6. 그러자 [신]들은 마음을 우드기타로 숭배하였다. [그러자] 악마들은 [마음]을 악으로 꿰뚫었다. 그러므로 마음은 생각하기 좋은 것과 생각하기 싫은 것을 모두 생각한다. 왜냐하면 그것은 악에 의해서 꿰뚫어졌기 때문이다.

atha ha mana udgītham upāsāṃcakrire । taddhāsurāḥ pāpmanā vividhuḥ । tasmāt tenobhayaṃ saṃkalpayate saṃkalpanīyaṃ cāsaṃkalpanīyaṃ । pāpmanā hy etad viddham ॥

7. 그러자 [신]들은 입 속에 있는 숨을 우드기타로 숭배하였다. 악마들이 [입속에 있는 숨]을 공격하였지만, 그들은 마치 [진흙덩어리가] 바위에 부딪친 것처럼 부서져 버렸다.

atha ha ya evāyaṃ mukhyaḥ prāṇas tam udgītham upāsāṃcakrire । taṃ hāsurā ṛtvā vidadhvaṃsur yathāśmānam ākhaṇam ṛtvā vidhvaṃseta ॥

8. 그것을 아는 자를 악으로 물들이려고 하거나, 그를 해치려고 하는 자, 그는 진흙덩어리가 바위에 부딪쳤을 때 부서지는 것처럼 부서져 버린다. 그것은 [진흙덩어리가] 바위에 부딪치는 것[과 같다].

evaṃ yathāśmānam ākhaṇam ṛtvā vidhvaṃsata evaṃ haiva sa vidhvaṃsate ya evaṃvidi pāpaṃ kāmayate yaś cainam abhidāsati । sa eṣo 'śmākhaṇaḥ ॥

9. 사람은 [입속에 있는 숨]으로 좋은 냄새와 나쁜 냄새를 구분하지 않는다. 왜냐하면 [입속에 있는 숨]은 악에서 자유롭기 때문이다. [입속에 있는 숨]으로 먹는 사람, [입속에 있는 숨]으로 마시는 사람, 그 [사람]은 다른 숨들을 보호할 수 있다. 그러나 [입속에 있는 숨]을 찾지 못하면, 그 [사람]은 결국 죽게 된다. [그러면] 그 [사람]은 입을 벌리게 된다.

naivaitena surabhi na durgandhi vijānāti । apahata pāpmā hy eṣaḥ । tena yad aśnāti yat pibati tenetarān prāṇān avati । etam u evāntato 'vittvotkrāmati । vyādadāty evāntata iti ॥

10. 앙기라스는 [입속에 있는 숨]을 우드기타라고 숭배하였다. 그런데 사람들은 [입속에 있는 숨]을 앙기라스라고 생각한다. [왜냐하면 입속에 있는 숨은 신체적] 부분들(aṅga)의 정수(rasa)이기 때문이다.

taṃ hāṅgirā udgītham upāsāṃcakre । etam u evāṅgirasaṃ manyante 'ṅgānāṃ yad rasaḥ ॥

11. 브리하스파티는 [입속에 있는 숨]을 우드기타라고 숭배하였다. 그런데 사람들은 [입속에 있는 숨]을 브리하스파티라고 생각한다. 왜냐하면 말(言)은 위대하고(bṛhatī), [입속에 있는 숨]은 그 [말]의 주인(pati)이

기 때문이다.

tena taṃ ha bṛhaspatir udgītham upāsāṃcakre । etam u eva bṛhaspatiṃ manyante । vāgghi bṛhatī tasyā eṣa patiḥ ॥

12. 아야스야는 [입속에 있는 숨]을 우드기타라고 숭배하였다. 그런데 사람들은 [입속에 있는 숨]을 아야스야라고 생각한다. 왜냐하면 [입속에 있는 숨]은 입(āsya)으로부터 나오기 때문이다.

tena taṃ hāyāsya udgītham upāsāṃcakre । etam u evāyāsyaṃ manyante । āsyād yad ayate ॥

13. 바카 달비야는 그것을 알았다. [그래서] 그는 나이미샤 사람들의 우드가트리 바라문이 되었다. 그는 그 [사람]들의 소망을 위하여 노래했다.

tena taṃ ha bako dālbhyo vidāṃcakāra । sa ha naimiśīyānām udgātā babhūva । sa ha smaibhyaḥ kāmān āgāyati ॥

14. 그것을 그렇게 알고, ['옴'이라는] 소리를 우드기타라고 숭배하는 자, 그는 소망의 성취를 위하여 노래부르는 자가 된다. [여기까지가] 사람들에 대한 [설명]이다.

āgātā ha vai kāmānāṃ bhavati ya etad evaṃ vidvān akṣaram udgītham upāste । ity adhyātmam ॥

세 번째 칸다 : 우드기타에 대한 여러 가지 설명들

1. 이제 신성한 것들에 대한 [설명은 다음과 같다]. 저편에서 빛나는 [태

양], 사람은 그것을 우드기타라고 숭배해야 한다. [태양]이 떠오르면 [그것은] 창조물들을 위하여 큰소리로 노래한다. [태양]이 떠오르면 어둠과 공포를 몰아낸다. 이것을 아는 자, 그는 어둠과 공포를 몰아내는 자가 된다.

athādhidaivatam । ya evāsau tapati tam udgītham upāsīta । udyan vā eṣa prajābhya udgāyati । udyaṃs tamo bhayam apahanti । apahantā ha vai bhayasya tamaso bhavati ya evaṃ veda ॥

2. [입속의 숨]은 저 [태양]과 같다. [입속의 숨]도 따뜻하고, 저 [태양]도 따뜻하다. 사람들은 [입속의 숨]을 소리라고 부르고, 저 [태양]도 소리(svara), 즉 반사하는 것(pratyāsvara)이라고 부른다. 그러므로 사람은 [입속의 숨]과 저 [태양]을 우드기타라고 숭배해야 한다.

samāna u evāyaṃ cāsau ca । uṣṇo 'yam uṣṇo 'sau । svara itīmam ācakṣate svara iti pratyāsvara ity amum । tasmād vā etam imam amuṃ codgītham upāsīta ॥

3. 사람은 몸안에 퍼지는 숨(vyāna)을 우드기타라고 숭배해야 한다. 사람이 숨을 들이마시는 것, 그것이 들이마시는 숨(prāṇa)이다. 사람이 숨을 내쉬는 것, 그것이 내쉬는 숨(apāna)이다. 들이마시는 숨과 내쉬는 숨이 만나는 것, 그것이 몸안에 퍼지는 숨이다. 말은 몸안에 퍼지는 숨이다. 그러므로 사람은 숨을 들이마시거나 내쉬지 않고 말을 하는 것이다.

atha khalu vyānam evodgītham upāsīta । yad vai prāṇiti sa prāṇaḥ । yad apāniti so 'pānaḥ । atha yaḥ prāṇāpānayoḥ saṃdhiḥ sa vyānaḥ । yo vyānaḥ sāvāk । tasmād aprāṇann anapānan vācam abhivyāharati ॥

4. 말은 리그이다. 그러므로 [사람은] 숨을 들이마시거나 내쉬지 않고 리그를 말한다. 리그는 사만이다. 그러므로 [사람은] 숨을 들이마시거나 내쉬지 않고 사만을 낭송한다. 사만은 우드기타이다. 그러므로 [사람은] 숨을 들이마시거나 내쉬지 않고 우드기타를 낭송한다.

yā vāk sark । tasmād aprāṇann anapānann ṛcam abhivyāharati । yark tat sāma । tasmād aprāṇann anapānan sāma gāyati । yat sāma sa udgīthaḥ । tasmād aprānann anapānann udgāyati ॥

5. 그러므로 사람들은 [나무를] 비벼서 불을 일으키거나, 경주에서 달리거나, 강한 활을 당기는 것과 같이 힘이 드는 여러 가지 일들을 숨을 들이마시거나 내쉬지 않고 하는 것이다. 그런 이유로 사람은 몸안에 퍼지는 숨을 우드기타라고 숭배한다.

ato yāny anyāni vīryavanti karmāṇi yathāgner manthanam ājeḥ saraṇaṃ dṛḍhasya dhanuṣa āyamanam aprāṇann anapānaṃs tāni karoti । etasya hetor vyānam evodgītham upāsīta ॥

6. 또한 [사람은] 우드기타의 소리들을 우드-기-타라고 숭배해야 한다. [거기서] '우드'는 숨이다. 왜냐하면 사람들은 숨을 통해서 유지되기 때문이다. '기'는 말이다. 왜냐하면 사람들은 말을 통해서 언어를 나타내기 때문이다. '타'는 음식이다. 왜냐하면 이 모든 것은 음식 위에 확립되어 있기 때문이다.

atha khalūdgīthākṣarāṇy upāsīta ud-gī-tha iti । prāṇa evot । prāṇena hy uttiṣṭhati । vag gīḥ । vāco ha gira ity ācakṣate । annaṃ tham । anne hīdaṃ sarvaṃ sthitam ॥

7. [또] '우드'는 하늘이고, '기'는 창공이고, '타'는 대지이다. '우드'는 태양이

고, '기'는 바람이고, '타'는 불이다. '우드'는 『사마 베다』이고, '기'는 『야주르 베다』이고, '타'는 『리그 베다』이다. 말(言)은 우유를 산출한다. [그러므로] 말(言)은 우유이다. [그러므로] 우드기타의 소리를 우드-기-타라고 숭배하는 사람은 음식을 가진 자가 되고, 음식을 먹는 자가 된다.

dyaur evot । antarikṣaṃ gīḥ । pṛthivī tham । āditya evot । vāyur gīḥ । agnis tham । sāmaveda evot । yajurvedo gīḥ । ṛgvedas tham । dugdhe 'smai vāg dohaṃ yo vāco dohaḥ । annavān annādo bhavati । ya etāny evaṃ vidvān udgīthākṣarāṇy upāsta ud-gī-tha iti ॥

8. 이제 소망의 성취에 대한 [설명은 다음과 같다]. 사람은 [다음과 같은 것들을] 피난처라고 숭배해야 한다. 사람은 사만이 노래하려고 하는 찬가 속에 피난처를 정해야 한다.

atha khalv āśīḥ samṛddhiḥ । upasaraṇānīty upāsīta । yena sāmnā stoṣyan syāt tat sāmopadhāvet ॥

9. [또한] 사람은 리그의 찬가 속에, 리그의 찬가를 [만든] 신성한 리시들 속에, [그리고] 그 신성한 [찬가]로 찬양하려고 하는 신들 속에 피난처를 정해야 한다.

yasyām ṛci tām ṛcaṃ, yad ārṣeyaṃ tam ṛṣiṃ, yāṃ devatām abhiṣṭoṣyan syāt tāṃ devatām upadhāvet ॥

10. 사람은 [사만이] 노래하려고 하는 찬가의 운율 속에 피난처를 정해야 한다. 또 사람은 [사만이] 노래하려고 하는 찬가의 형식 속에 피난처를 구해야 한다.

yena chandasā stoṣyan syāt tac chanda upadhāvet । yena

stomena stoṣyamāṇaḥ syāt taṃ stomam upadhāvet ॥

11. 또 사람은 [사만이] 찬양하려고 하는 하늘의 방위 속에 피난처를 구해야 한다.
yāṃ diśam abhiṣṭoṣyan syāt tāṃ diśam upadhāvet ॥

12. 마지막으로 사람은 자신에 대해서, 자신의 소망에 대해서 주의깊게 명상하면서 찬가를 노래해야 한다. [그러면] 그가 노래하면서 소망한 것, 그가 노래하면서 소망한 것, 그 소망을 성취하게 된다.
ātmānam antata upasṛtya stuvīta kāmaṃ dhyāyann apramattaḥ । abhyāśo ha yad asmai sa kāmaḥ samṛdhyeta yatkāmaḥ stuvīteti yatkāmaḥ stuvīteti ॥

네 번째 칸다 : 우드기타와 '옴'의 탁월함

1. 사람은 우드기타를 '옴'이라는 소리라고 숭배해야 한다. 사람은 '옴'이라고 말하면서 우드기타를 노래하기 때문이다. 그에 대한 더 자세한 설명은 다음과 같다.
om ity etad akṣaram udgītham upāsīta । om iti hy udgāyati । tasyopavyākhyānam ॥

2. 실로 신들이 죽음을 두려워 할 때, 그들은 세 종류의 지식, [즉 세 종류의 베다] 속으로 들어갔다. 그들은 자신을 운율로써 덮었다. [신]들이 덮은 [운율], 그것이 찬가들이고, [그것이] 찬가의 본성이다.
devā vai mṛtyor bibhyatas trayīṃ vidyāṃ prāviśan । te chandob-

hir acchādayan । yad ebhir acchādayaṃs tac chandasāṃ chandastvam ॥

3. 죽음은 마치 사람이 물속에 있는 물고기를 보는 것처럼, 리그와 사만과 야주스 안에 있는 [신들을] 보았다. [신]들이 [그것을] 알았을 때, 그들은 리그와 사만과 야주스로부터 나와서 ['옴'이라는] 소리 속으로 들어갔다.

tān u tatra mṛtyur yathā matsyam udake paripaśyed evaṃ paryapaśyad ṛci sāmni yajuṣi । te nu vittvordhvā ṛcaḥ sāmno yajuṣaḥ svaram eva prāviśan ॥

4. 사람들은 리그[의 게송]을 끝냈을 때 '옴'이라고 말하며, 사만과 야주스[를 끝냈을 때]도 그와 마찬가지다. ['옴']이라는 소리는 불멸이다. 그것은 죽음을 넘어서 있으며 두려움이 없다. 신들은 그 [소리] 속으로 들어감으로써 죽음을 넘어서고 두려움이 없어지게 되었다.

yadā vā ṛcam āpnoty om ity evātisvarati evaṃ sāmaivaṃ yajuḥ । eṣa u svaro yad etad akṣaram etad amṛtam abhayam । tat praviśya devā amṛtā abhavan ॥

5. 그것을 그렇게 알면서 ['옴']이라는 소리를 말하는 사람, 그는 불멸이고, 죽음이 없고, 두려움이 없는 그 소리 속으로 들어가게 된다. [그러면] 신들이 그 [소리] 속으로 들어가서 불멸하게 된 것처럼 그 [사람]도 불멸하게 된다.

sa ya etad evaṃ vidvān akṣaraṃ praṇauty etad evākṣaraṃ svaram amṛtam abhayaṃ praviśati । tat praviśya yad amṛtā devās tad amṛto bhavati ॥

다섯 번째 칸다 : 우드기타와 동일시되는 태양과 입속의 숨

1. 우드기타는 '옴'이고, '옴'은 우드기타이다. 우드기타는 저편에 있는 태양이고, [태양]은 '옴'이다. 왜냐하면 그것은 계속해서 '옴'이라고 소리내고 있기 때문이다.

atha khalu ya udgīthaḥ sa praṇavo yaḥ praṇavaḥ sa udgītha iti ǀ asau vā āditya udgītha eṣa praṇavaḥ ǀ om iti hy eṣa svarann eti ǁ

2. 카우쉬타키는 아들에게 이렇게 말했다. "나는 오직 [태양]에 대해서만 찬양의 노래를 불렀다. 그러므로 나의 [아들]은 한 명이다. [그러니] 너는 [태양]의 빛살들에 대[해서 찬양의 노래를] 불러라. 그러면 너[의 아들]은 많아질 것이다." 이것이 신성한 것에 대한 가르침이다.

etam u evāham abhyagāsiṣaṃ tasmān mama tvam eko 'sīti ha kauṣītakiḥ putram uvāca ǀ raśmīṃs tvaṃ paryāvartayāt ǀ bahavo vai te bhaviṣyanti ǀ ity adhidaivatam ǁ

3. 이제 사람에 대한 언급은 다음과 같다. 사람은 입속에 있는 숨을 우드기타라고 숭배해야 한다. 왜냐하면 [입속의 숨]은 움직일 때 '옴'이라고 소리나기 때문이다.

athādhyātmam ǀ ya evāyaṃ mukhyaḥ prāṇas tam udgītham upāsita ǀ om iti hy eṣa svarann eti ǁ

4. 카우쉬타키는 아들에게 이렇게 말했다. "나는 오직 그 [입속의 숨]에

대해서만 찬양의 노래를 불렀다. 그러므로 나의 [아들]은 한 명이다. [그러니] 너는 여러 숨들에 대해서 찬양의 노래를 불러라. 그러면 너[의 아들]은 많아질 것이다."

etam u evāham abhyagāsiṣaṃ tasmān mama tvam eko 'sīti ha kauṣītakiḥ putram uvāca । prāṇāṃs tvaṃ bhūmānam abhigāyatād bahavo vai me bhaviṣyantīti ॥

5. 우드기타는 '옴'이며, '옴'은 우드기타이다. [그래서] 호트리 바라문은 자신의 자리에서 잘못 부른 우드기타를 다시 바로 잡는 것이다.

atha khalu ya udgīthaḥ sa praṇavo yaḥ praṇavaḥ sa udgītha iti । hotṛṣadanādd haivāpi durudgītham anusamāharatīty anusamāharatīti ॥

여섯 번째 칸다 : 리그 및 사만과 동일시되는 사물들 1

1. 리그는 이 [대지]이고, 사만은 불이다. 사마는 리그 위에 올려져 있다. 그러므로 사람들은 리그 위에서 사만을 노래한다.[007] '사'(sā)는 [대지]이며, '아마'(ama)는 불이다. 그것이 사만이다.

iyam evark । agniḥ sāma । tad etad etasyām ṛcy adhyūḍhaṃ sāma । tasmād ṛcy adhyūḍhaṃ sāma gīyate । iyam eva sā । agnir amaḥ । tat sāma ॥

2. 리그는 창공이고, 사만은 바람이다. 사만은 리그 위에 올려져 있다. 그러므로 사람들은 리그 위에서 사만을 노래한다. '사'는 창공이며, '아마'

는 바람이다. 그것이 사만이다.

antarikṣam evark ǀ vāyuḥ sāma ǀ tad etad etasyām ṛcy adhyūḍhaṃ
sāma ǀ tasmād ṛcy adhyūḍhaṃ sāma gīyate ǀ antarikṣam eva sā ǀ
vāyur amaḥ ǀ tat sāma ǁ

3. 리그는 하늘이고, 사만은 해이다. 사만은 리그 위에 올려져 있다. 그러
므로 사람들은 리그 위에서 사만을 노래한다. '사'는 하늘이고, '아마'는
해이다. 그것이 사만이다.

dyaur evark ǀ ādityaḥ sāma ǀ tad etad etasyām ṛcy adhyūḍhaṃ
sāma ǀ tasmād ṛcy adhyūḍhaṃ sāma gīyate ǀ dyaur eva sā ǀ ādityo
'maḥ ǀ tat sāma ǁ

4. 리그는 별들이고, 사만은 달이다. 사만은 리그 위에 올려져 있다. 그러
므로 사람들은 리그 위에서 사만을 노래한다. '사'는 별들이고, '아마'는
달이다. 그것이 사만이다.

nakṣatrāny evark ǀ candramāḥ sāma ǀ tad etad etasyām ṛcy
adhyūḍhaṃ sāma ǀ tasmād ṛcy adhyūḍhaṃ sāma gīyate ǀ
nakṣatrāṇy eva sā ǀ candramā amaḥ ǀ tat sāma ǁ

5. 리그는 해의 흰빛이며, 사만은 어둡고 깜깜한 [빛]이다. 사만은 리그
위에 올려져 있다. 그러므로 사람들은 리그 위에서 사만을 노래한다.

atha yad etad ādityasya śuklaṃ bhāḥ saivark ǀ atha yan nīlaṃ
paraḥ kṛṣṇaṃ tat sāma ǀ tad etad etasyām ṛcy adhyūḍhaṃ sāma ǀ
tasmad ṛcy adhyūḍhaṃ sāma gīyate ǁ

6. '사'는 해의 흰빛이며, '아마'는 어둡고 깜깜한 [빛]이다. 그것이 사만이

다. 해 속에서 보이는 황금빛 사람은 황금빛 턱수염과 황금빛 머리카락을 가지고 있다. 그는 손톱 끝까지 모두 황금빛이다.

atha yad evaitad ādityasya śuklaṃ bhāḥ saiva sā । atha yan nīlaṃ paraḥ kṛṣṇaṃ tad amaḥ । tat sāma । atha ya eṣo 'ntarāditye hiraṇmayaḥ puruṣo dṛśyate hiraṇyaśmaśrur hiraṇyakeśa atha praṇakhāt sarva eva suvarnaḥ ॥

7. 그 [황금빛 사람]의 두 눈은 카퍄사[008] 연꽃과 같다. 그의 이름은 '우드'(ud)이다. 그는 모든 악들을 넘어서 높이 올라가기 [때문]이다. 실로 이것을 아는 자는 모든 악들을 넘어서 높이 올라간다.

tasya yathā kapyāsaṃ puṇḍarīkam evam akṣiṇī । tasyod iti nāma । sa eṣa sarvebhyaḥ pāpmabhya uditaḥ । udeti ha vai sarvebhyaḥ pāpmabhyo ya evaṃ veda ॥

8. 그 [황금빛 사람]의 두 가지 노래(geṣṇau)는 리그와 사만이다. 그러므로 그는 우드기타이고, 그는 우드가트리 바라문이다. [그는] 그것을 노래하는 자이기 때문이다. 그는 저 멀리서 그 세계들과 신들의 욕망을 [다스린다]. 이것이 신성한 것에 대한 [언급]이다.

tasyark ca sāma ca geṣṇau । tasmād udgīthaḥ । tasmāt tv eva udgātā । etasya hi gātā । sa eṣa ye cāmuṣmāt parāñco lokās teṣāṃ ceṣṭa devakāmānāṃ ca । ity adhidaivatam ॥

일곱 번째 칸다 : 리그 및 사만과 동일시되는 사물들 2

1. 이제 사람에 대한 [언급은 다음과 같다]. 리그는 말이며, 사만은 숨이다. 사만은 리그 위에 놓여져 있다. 그러므로 사람들은 리그 위에서 사만을 노래한다. '사'는 말이며 '아마'는 숨이다. 그것이 사만이다.

athādhyātmam । vāg evark । prāṇaḥ sāma । tad etad etasyām ṛcy adhyūḍhaṃ sāma । tasmād ṛcy adhyūḍhaṃ sāma gīyate । vāg eva sā । prāṇo 'maḥ । tat sāma ॥

2. 리그는 눈이며, 사만은 정신이다. 사만은 리그 위에 놓여져 있다. 그러므로 사람들은 리그 위에서 사만을 노래한다. '사'는 눈이며, '아마'는 정신이다. 그것이 사만이다.

cakṣur evark । ātmā sāma । tad etad etasyām ṛcy adhyūḍhaṃ sāma । tasmād ṛcy adhyūḍhaṃ sāma gīyate । cakṣur eva sā । ātmāmaḥ । tat sāma ॥

3. 리그는 귀이며, 사만은 마음이다. 사만은 리그 위에 놓여져 있다. 그러므로 사람들은 리그 위에서 사만을 노래한다. '사'는 귀이며, '아마'는 마음이다. 그것이 사만이다.

śrotram evark । manaḥ sāma । tad etad etasyām ṛcy adhyūḍhaṃ sāma । tasmād ṛcy adhyūḍhaṃ sāma gīyate । śrotram eva sā। mano 'maḥ । tat sāma ॥

4. 눈에서 밝게 빛나는 것, 그것이 바로 리그이다. 그리고 [눈에서] 어둡고 깜깜한 것, 그것이 바로 사만이다. 사만은 리그 위에 놓여져 있다. 그러므로 사람들은 리그 위에서 사만을 노래하는 것이다. 눈에서 밝게 빛나는 것, 그것이 바로 '사'이다. [눈에서] 어둡고 깜깜한 것, 그것이 '아마'이다. 그것이 사만이다.

atha yad etad akṣṇaḥ śuklaṃ bhāḥ saivark । atha yan nīlaṃ paraḥ kṛṣṇaṃ tat sāma । tad etad etasyām ṛcy adhyūḍhaṃ sāma । tasmād ṛcy adhyūḍhaṃ sāma gīyate । atha yad evaitad akṣṇaḥ śuklaṃ bhāḥ saiva sā । atha yan nīlaṃ paraḥ kṛṣṇaṃ tad amaḥ । tat sāma ॥

5. 눈 속에서 보이는 그 사람, 그것이 바로 리그이다. 그는 사만이며, 그는 낭송이며, 그는 야주스이며, 그는 브라만이다.[009] [눈 속에서 보이는] 그 [사람]의 모습은 저 [태양 속에서 보이는 사람]의 모습과 같다. 그 [눈 속에서 보이는 사람]의 노래들은 바로 저 [태양 속에서 보이는 사람]의 노래들과 같다. 그 [눈 속에서 보이는 사람]의 이름은 바로 저 [태양 속에서 보이는 사람]의 이름과 같다.

atha ya eṣo 'ntar akṣiṇi puruṣo dṛśyate saivark । tat sāma । tad uktham । tad yajuḥ । tad brahma । tasya etasya tad eva rūpaṃ yad amuṣya rūpam । yāv amuṣya geṣṇau tau tau goṣṇau । yan nāma tan nāma ॥

6. 그 [눈 속에서 보이는 사람]은 [태양] 아래 있는 세계들과 그 [세계] 사람들의 욕망을 다스린다. 그 [눈 속에서 보이는 사람]들이 류우트로 노래한 것, 그 [사람]들은 그것을 노래한다. 그러므로 그들은 부(富)를 얻게 된다.

sa eṣa ye caitasmād arvāñco lokās teṣāṃ ceṣṭe manuṣya-kāmānāṃ ceti । tad ya ime vīṇāyāṃ gāyanty etaṃ te gāyanti । tasmāt te dhanasanayaḥ ॥

7. 그런데 그것을 알면서 사만을 노래하는 사람, 그는 그 둘을 모두 노래

한다. 그는 앞의 [노래]를 통해서 저쪽의 세계와 신들의 소망을 모두 획득한다.

atha ya etad evaṃ vidvān sāma gāyaty ubhau sa gāyati । so 'munaiva sa eṣa ye cāmuṣmāt parāñco lokās tāṃś cāpnoti deva-kāmāṃś ca ॥

8. 그는 뒤의 [노래]를 통해서 이쪽의 세계와 인간의 소망을 획득한다. 그러므로 그것을 아는 우드가트리 바라문은 이렇게 말한다.

athānenaiva ye caitasmād arvāñco lokās tāṃś cāpnoti manuṣya-kāmāṃś ca । tasmād u haivaṃvid udgātā brūyāt ॥

9. '나는 그대를 위하여 무슨 소망을 노래해 줄까?' 왜냐하면 그렇게 알면서 사만을 노래하는 사람, 그는 노래를 통해서 소망을 획득하게 되기 때문이다.

kaṃ te kāmam āgāyānīti । eṣa hy eva kāmāgānasyeṣṭe ya evaṃ vidvān sāma gāyati sāma gāyati ॥

여덟 번째 칸다 : 사만의 의지처들

1. 우드기타에 능숙한 세 사람이 있었다. 그들은 쉬라카 샤라바티야, 차이키타야나 달비야, 그리고 프라바하나 자이바리였다. 그들은 말했다. "우리들은 우드기타에 능숙하다. [그러니] 우드기타가 무엇인지 말해 보자."

trayo hodgīthe kuśalā babhūvuḥ śilakaḥ śālāvatyaś caikitāyano dālbhyaḥ pravāhaṇo jaivalir iti । te hocur udgīthe vai kuśalāḥ smo hantodgīthe kathāṃ vadāma iti ‖

2. 그들은 "그렇게 하자."라고 말하면서 함께 앉았다. 그러자 프라바하나 자이바리가 말했다. "존자들이여, 먼저 말해 보라. 나는 [당신들] 두 바라문이 말하는 동안 듣겠다."010

tatheti ha samupaviviśuḥ । sa ha prāvahaṇo jaivalir uvāca । bhagavantāv agre vadatām । brāhmaṇayor vadator vācaṃ śroṣyāmīti ‖

3. 그러자 쉬라카 샤라바티야가 차이키타야나 달비야에게 말했다. "자, 내가 묻겠다." [그러자 차이키타야나 달비야]가 [쉬라카 샤라바티야에게] 말했다. "물어 보아라."

sa ha śilakaḥ śālāvatyaś caikitāyanaṃ dālbhyam uvāca hanta tvā pṛcchānīti । pṛccheti hovāca ‖

4. [쉬라카 샤라바티야가 물었다.] "사만의 의지처는 무엇인가?" [차이키타야나 달비야]가 말했다. "소리이다."

[쉬라카 샤라바티야가 물었다. "소리의 의지처는 무엇인가?" [차이키타야나 달비야]가 말했다. "숨이다."

[쉬라카 샤라바티야]가 물었다. "숨의 의지처는 무엇인가?" [차이키타야나 달비야]가 말했다. "음식이다."

[쉬라카 샤라바티야]가 물었다. "음식의 의지처는 무엇인가?" [차이키타야나 달비야]가 말했다. "물이다."

kā sāmno gatir iti । svara iti hovāca । svarasya kā gatir iti । prāṇa iti hovāca । prāṇasya kā gatir iti । annam iti hovāca । annasya kā gatir iti । āpa iti hovāca ‖

5. [쉬라카 샤라바티야]가 물었다. "물의 의지처는 무엇인가?" [차이키타야나 달비야]가 말했다. "저 [하늘] 세계이다."
[쉬라카 샤라바티야]가 물었다. "저 [하늘] 세계의 의지처는 무엇인가?" [그러자 차이키타야나 달비야]가 말했다. "하늘 세계를 넘어가면 안 된다. 우리는 사만을 하늘 세계에 확립하며, 사만은 하늘에 대한 찬양이기 때문이다."
apāṃ kā gatir iti । asau loka iti hovāca । amuṣya lokasya kā gatir iti । na svargaṃ lokam atinayed iti hovāca । svargaṃ vayaṃ lokaṃ sāmābhisaṃ sthāpayāmaḥ । svargasaṃstāvaṃ hi sāmeti ॥

6. 그러자 쉬라카 샤라바티야가 차이키타야나 달비야에게 말했다. "달비야여, 그대의 사만은 [옳바르게] 확립되지 않았다. [그러므로] 만일 누가 '그대의 머리는 떨어질 것이다.'라고 말하면, 그대의 머리는 떨어지고 말 것이다."
taṃ ha śilakaḥ śālāvatyaś caikitāyanaṃ dālbhyam uvācāpratiṣṭhitaṃ vai kila te dālbhya sāma । yas tv etarhi brūyān mūrdhā te vipatiṣyatīti mūrdhā te vipated iti ॥

7. 그러자 [차이키타야나 달비야]가 말했다. "존자여, 그러면 [하늘 세계의 의지처]를 나에게 가르쳐 주시오." [쉬라카 샤라바티야]가 말했다. "그렇게 하겠다."
[차이키타야나 달비야]가 말했다. "저 [하늘] 세계의 의지처는 무엇인가?" [쉬라카 샤라바티야]가 말했다. "이 세계이다."
[차이키타야나 달비야]가 말했다. "이 세계의 의지처는 무엇인가?" [쉬라카 샤라바티야]가 말했다. "이 세계라는 의지처를 넘어가면 안 된다. 우리는 사만을 이 세계라는 의지처에 확립하며, 사만은 [확립된] 의지

처에 대한 찬양이기 때문이다."

hantāham etad bhagavato vedānīti । viddhīti hovāca । amuṣya lokasya kā gatir iti । ayaṃ loka iti hovāca । asya lokasya kā gatir iti । na pratiṣṭhāṃ lokam atinayed iti hovāca । pratiṣṭhāṃ vayaṃ lokaṃ sāmābhisaṃsthāpayāmaḥ । pratiṣṭhāsaṃstāvaṃ hi sāmeti ॥

8. 그러자 프라바하나 자이바리가 [쉬라카 샤라바티야]에게 말했다. "오, 샤라바티야여, 그대의 사만은 유한한 것이다. 그러므로 만일 누가 '그대의 머리는 떨어질 것이다.'라고 말하면, 그대의 머리는 떨어져 버릴 것이다." 그러자 [쉬라카 샤라바티야]가 말했다. "존자여, 그렇다면 [이 세계의 의지처]를 나에게 가르쳐 주시오." [프라바하나 자이바리]가 말했다. "그렇게 하겠다."

taṃ ha pravāhaṇo jaivalir uvāca । antavad vai kila te śālāvatya sāma । yas tv etarhi brūyān mūrdhā te vipatiṣyatīti mūrdhā te vipated iti । hantāham etad bhagavato vedānīti । viddhīti hovāca ॥

아홉 번째 칸다 : 사만의 마지막 의지처

1. 그러자 [쉬라카 샤라바티야]가 물었다. "이 세계의 의지처는 무엇인가?"

[프라바하나 자이바리]가 말했다. "공간이다. 실로 이 모든 사물들은 공간에서 생겨나고, 공간으로 사라진다. 공간은 그것들보다 뛰어나며, 공간은 [사만의] 마지막 의지처이기 때문이다."

asya lokasya kā gatir iti । ākāśa iti hovāca । sarvāṇi ha vā imāni bhūtāny ākāśād eva samutpadyante । ākāśaṃ pratyastaṃ yanti ।

ākāśo hy evaibhyo jyāyān । ākāśaḥ parāyaṇam ॥

2. [그가 계속해서 말했다.] "[공간]은 가장 탁월한 우드기타이다. 그것은 무한하기 때문이다. 그것을 알면서 [공간]을 가장 탁월한 우드기타라고 숭배하는 자는 가장 탁월한 것을 가지게 되며, 가장 탁월한 세계를 획득하게 된다."

sa eṣa parovarīyān udgīthaḥ । sa eṣo 'nantaḥ । parovarīyo hāsya bhavati parovarīyaso ha lokāñ jayati ya etad evaṃ vidvān parovarīyāṃsam udgītham upāste ॥

3. 아티단반 샤우나카는 우다라 샨디리야에게 그것을 말하고 나서 다시 말했다. "이 우드기타를 아는 만큼 그대의 후손들은 이 세계 속에서 가장 행복한 삶을 누릴 것이다."

taṃ haitam atidhanvā śaunaka udaraśāṇḍilyāyoktvovāca । yāvat ta enaṃ prajāyām udgīthaṃ vediṣyante parovarīyo haibhyas tāvad asmiṃl loke jīvanaṃ bhaviṣyati ॥

4. [아티단반 샤우나카는 우다라 샨디리야에게 다시 말했다.] "[그들은 또한] 저편의 세계에서 그와 같은 세계를 [가지게 될 것이다]."

[우드기타]를 그렇게 알고, 그렇게 숭배하는 자, 그는 이 세계에서 가장 행복한 삶을 누릴 것이며, [그들은 또한] 저편의 세계에서 그런 세계를, 저편의 세계에서 그런 세계를 [가지게 될 것이다].

thatā 'muṣmiṃlloke loka iti । sa ya etam eva vidvān upāste parovarīya eva hāsyāmuṣmiṃl loke jīvanaṃ bhavati tathā 'muṣmiṃlloke loka iti loke loka iti ॥

열 번째 칸다 : 세 종류의 사만과 관련된 신성한 것들[011] 1

1. 쿠루족이 우박으로 피해를 입었을 때, 어떤 부자 마을에 가난한 우샤스티 차크라야나가 그의 아내 아티키와 함께 살고 있었다.
maṭacī hateṣu kuruṣv āṭikyā saha jāyayoṣastir ha cākrāyaṇa ibhya grāme pradrāṇaka uvāsa ||

2. [어느날 우샤스티 차크라야나]는 콩을 먹는 부자에게 [콩을] 구걸하였다. [그러나] 부자는 [우샤스티 차크라야나에게] 말했다. "[콩은] 내 앞에 놓여 있는 이것들밖에는 없소."
sa hebhyaṃ kulmāṣān khādantaṃ bibhikṣe | taṃ hovāca | neto 'nye vidyante yac ca ye ma ima upanihitā iti ||

3. 그러자 [우샤스티 차크라야나]가 말했다. "그 [콩]을 조금만 주십시오." 그 [부자]는 [콩]을 주면서 말했다. "여기 음료가 있소." [그러자 우샤스티 차크라야나]가 말했다. "[그것은] 나에게 부정(不淨)한 음료가 될 것입니다."
eteṣāṃ me dehīti hovāca | tān asmai pradadau | hantānupānam iti | ucchiṣṭaṃ vai me pītaṃ syād iti hovāca ||

4. 그 [부자]가 말했다. "그 [콩]도 [먹다] 남은 것이 아니오?" [그러자 우샤스티 차크라야나]가 말했다. "그 [콩]을 먹지 않았다면 나는 살 수 없었을 것입니다. [그러나] 물은 원하는 대로 [얻을 수 있습니다]."
na svid ete 'py ucchiṣṭā iti | na vā ajīviṣyam imān akhādann iti

hovāca । kāmo ma udapānam iti ॥

5. [우샤스티 차크라야나]는 먹고 남은 [콩]을 아내에게 가지고 갔다. [그런데 그녀는] 걸식을 해서 [음식을] 먹었기 때문에 그 [콩]을 받아서 보관하였다.

sa ha khāditvātiśeṣāñ jāyāyā ājahāra । sāgra eva subhikṣā babhūva । tān pratigṛhya nidadhau ॥

6. [우샤스티 차크라야나]는 다음날 아침에 일어나서 [혼자말로] 말했다. "내가 음식을 [조금] 얻을 수 있다면, 돈을 조금 벌 수 있을 텐데 …. 저 왕이 제사를 지낼 것이고, 그 [왕]은 나에게 바라문의 직무를 모두 맡겨서 나를 기쁘게 할 텐데 …."

sa ha prātaḥ saṃjihāna uvāca । yad batānnasya labhemahi labhemahi dhanamātrām । rājāsau yakṣyate । sa mā sarvair ārtvijyair vṛṇīteti ॥

7. [그러자 그의] 아내는 [우샤스티 차크라야나]에게 말했다. "여기 콩이 있습니다." [그러자] 그는 그것을 먹고 이미 시작한 제사에 갔다.

taṃ jāyovāca । hanta pata ima eva kulmāṣā iti । tān khāditvāmuṃ yajñaṃ vitatam eyāya ॥

8. 그는 아스타바에서[012] [『사마 베다』의] 찬가를 낭송하려고 [준비하고] 있는 우드가트리 바라문들에게 다가갔다. 그는 [먼저] 프라스토트리 바라문에게 말했다.

tatrodgātṝn āstāve stoṣyamāṇān upopaviveśa । sa ha prastotaram uvāca ॥

9. "프라스토트리 바라문이여, 만일 그대가 프라스타바와 관련된 신성한 것을 알지 못하고 프라스타바를 노래한다면, 그대의 머리는 떨어질 것이오."
prastotar yā devatā prastāvam anvāyattā tāṃ ced avidvān prastoṣyasi mūrdhāte vipatiṣyatīti ||

10. [그런 후] 그는 우드가트리 바라문에게도 똑같이 말했다. "우드가트리 바라문이여, 만일 그대가 우드기타와 관련된 신성한 것을 모르고서 우드기타를 노래한다면, 그대의 머리는 떨어질 것이오."
evam evodgātāram uvāca | udgātar yā devatodgītham anvāyattā tāṃ ced avidvān udgāsyasi mūrdhā te vipatiṣyatīti ||

11. 그는 프라티하르트리 바라문에게도 똑같이 말했다. "프라티하르트리 바라문이여, 만일 그대가 프라티하라와 관련된 신성한 것을 모르고서 프라티하라를 노래한다면, 그대의 머리는 떨어질 것이오." 그러자 그들은 모두 조용히 [제사를] 중지하였다.
evam eva pratihartāram uvāca | pratihartar yā devatā pratihāram anvāyattā tāṃ ced avidvān pratihariṣyasi mūrdhā te vipatiṣyatīti | te ha samāratās tūṣṇīm āsāṃcakrire ||

열한 번째 칸다 : 세 종류의 사만과 관련된 신성한 것들 2

1. 그러자 그 [제사의] 제주(祭主)는[013] [우샤스티 차크라야나]에게 말했다. "나는 존자를 알고자 합니다." 그러자 그는 말했다. "나는 우샤스티 차

크라야나라고 합니다."

atha hainaṃ yajamāna uvāca । bhagavantaṃ vā ahaṃ vividiṣāṇīti । uṣastir asmi cākrāyaṇa iti hovāca ॥

2. 그 [제주]가 말했다. "나는 이 모든 바라문들의 직무 때문에 [그에 능숙한] 분을 널리 찾았습니다. 그러나 나는 [그런] 분을 찾지 못하여 다른 [바라문]들을 선택했습니다."

sa hovāca । bhagavantaṃ vā aham ebhiḥ sarvair ārtvijyaiḥ paryaiṣiṣam । bhagavato vā aham avittyānyān avṛṣi ॥

3. [제주는 다시 말했다.] "존자여, 나를 위하여 모든 바라문들의 직무를 [수행해 주십시요]." [우샤스티 차크라야나가 말했다.] "예. 그렇게 하겠습니다. 그러면 찬가를 노래하도록 허락해 주십시오. 그리고 당신은 저 [바라문]들에게 주려고 했던 만큼의 돈을 나에게 주십시오." 그러자 그 제주는 말했다. "그렇게 하겠습니다."

bhagavāṃs tv eva me sarvair ārtvijyair iti । tatheti । atha tarhy eta eva samatisṛṣṭāḥ stuvatām । yāvat tv ebhyo dhanaṃ dadyās tāvan mama dadyā iti । tatheti ha yajamāna uvāca ॥

4. 그러자 프라스토트리 바라문이 다가와서 말했다. "존자여, 당신은 나에게 '프라스토트리 바라문이여, 만일 그대가 프라스타바와 관련된 신성한 것을 알지 못하고 프라스타바를 노래한다면, 그대의 머리는 떨어질 것이오.'라고 말했습니다. 그 신성한 것은 무엇입니까?"

atha hainaṃ prastotopasasāda । prastotar yā devatā prastāvam anvāyattā tāṃ ced avidvān prastoṣyasi mūrdhā te vipatiṣyatīti mā bhagavān avocat । katamā sā devateti ॥

5. [그러자 우샤스티 차크라야나]가 말했다. "[그것은] 숨(prāṇa)입니다. 실로 이 모든 중생들은 숨과 함께 태어나고 숨과 함께 떠나갑니다. 이것이 바로 프라스타바와 관련된 신성한 것입니다. 만일 그것을 알지 못하고 프라스타바를 노래했다면, 나에게 그런 말을 듣고 난 후에 당신의 목은 떨어졌을 것입니다."

prāṇa iti hovāca । sarvāṇi ha vā imāni bhūtāni prāṇam evābhisaṃviśanti । prāṇam abhyujjihate । saiṣā devatā prastāvam anvāyattā । tāṃ ced avidvān prāstoṣyo mūrdhā te vipatiṣyat tathoktasya mayeti ॥

6. 그러자 우드가트리 바라문이 [우샤스티 차크라야나]에게 다가와서 말했다. "존자여, 당신은 나에게 '우드가트리 바라문이여, 만일 그대가 우드기타와 관련된 신성한 것을 모르고서 우드기타를 노래한다면, 그대의 머리는 떨어질 것이오.'라고 말했습니다. 그 신성한 것은 무엇입니까?"

atha hainam udgātopasasāda । udgātar yā devatodgītham anvāyattā tāṃ ced avidvān udgāsyasi mūrdhā te vipatiṣyatīti mā bhagavān avocat । katamā sā devateti ॥

7. [그러자 우샤스티 차크라야나]가 말했다. "태양(āditya)입니다. 실로 이 모든 중생들은 [태양]이 올라왔을 때, 태양을 노래합니다. 이것이 바로 우드기타와 관련된 신성한 것입니다. 만약 그대가 그것을 모르고서 우드기타를 노래했다면, 그대는 나에게 그런 말을 듣고 난 후에 머리가 떨어졌을 것입니다."

āditya iti hovāca । sarvāṇi ha vā imāni bhūtāny ādityam uccaiḥ santaṃ gāyanti । saiṣā devatodgītham anvāyattā । tāṃ ced avidvān udagāsyo mūrdhā te vyapatiṣyat tathoktasya mayeti ||

8. 그러자 프라티하르트리 바라문이 [우샤스티 차크라야나]에게 다가와서 물었다. "존자여, 당신은 나에게 '프라티하르트리 바라문이여, 만일 그대가 프라티하라와 관련된 신성한 것을 모르고서 프라티하라를 시작한다면, 그대의 머리는 떨어져 나갈 것이오.'라고 말했습니다. 그 신성한 것은 무엇입니까?"

atha hainaṃ pratihartopasasāda | pratihartar yā devatā pratihāram anvāyattā tāṃ ced avidvān pratihariṣyasi mūrdhā te vipatiṣyatīti mā bhagavān avocat | katamā sā devateti ||

9. [그러자 우샤스티 차크라야나]가 말했다. "음식(anna)입니다. 실로 모든 중생들은 음식을 먹으면서 살아갑니다. 이것이 바로 프라티하라와 관련된 신성한 것입니다. 만일 그대가 그것을 모른채 프라티하라를 시작했다면, 그대는 나에게 그 말을 듣고 나서, 그 말을 듣고 나서 목이 떨어졌을 것입니다."

annam iti hovāca | sarvāṇi ha vā imāni bhūtany annam eva pratiharamāṇāni jīvanti | saiṣā devatā pratihāram anvāyattā | tāṃ ced avidvān pratyahariṣyo mūrdhā te vyapatiṣyat tathoktasya mayeti tathoktasya mayeti ||

열두 번째 칸다 : 제사와 바라문들에 대한 풍자[014]

1. 이제 개(śvan, 犬)와 관련된 우드기타는 다음과 같다.

바카 달비야, 즉 그라바 마이트레야는 낮은 목소리로 베다를 낭송하면서 앞으로 나아갔다.

athātaḥ śauva udgīthaḥ । tad dha bako dālbhyo glāvo vā maitreyaḥ svādhyāyam udvavrāja ॥

2. 그때 그 앞에 흰 개 한 마리가 나타났다. 그리고 그 주변에 다른 개들이 모여들더니 이렇게 말했다. "존자여, [베다를] 노래하여 음식을 얻어 주십시오. 우리는 배가 고픕니다."

tasmai śvā śvetaḥ prādur babhūva । tam anye śvāna upasametyocuḥ । annaṃ no bhagavān āgāyatu । aśanāyāma vā iti ॥

3. 그러자 [바카 달비야]는 그 [개]들에게 말했다. "너희들은 내일 아침에 나에게 오너라." [그리고] 바카 달비야, 즉 그라바 마이트레야는 [그 개들을] 쳐다보았다.

tān hovācehaiva mā prātar upasamīyateti । tad dha bako dālbhyo glāvo vā maitreyaḥ pratipālayāṃ cakāra ॥ ।

4. [바라문들도] 그와 같이 바히슈파바마를 가지고 노래부르며 손을 맞잡고 몸을 구부리고서 조용히 움직인다. 그런 후에 [바라문]들은 함께 모여서 '힝'이라고 노래 부른다.

te ha yathaivedaṃ bahiṣpavamānena stoṣyamāṇāḥ saṃrabdhāḥ sarpantīty evam āsasṛpuḥ । te ha samupaviśya hiñ cakruḥ ॥

5. [바라문들은 이렇게 노래한다]. "'옴', 우리들이 먹게 하라. '옴', 우리들이 마시게 하라. '옴', 바루나 신이여, 프라자파티 신이여, 사비트리 신이여, 여기로 음식을 가지고 오시오. 음식의 주인이여, 여기로 음식을 가지고 오시오. [음식을] 가지고 오시오. '옴'."

oṃ3 adā3ma । oṃ3 pibā3ma । oṃ3 devo varuṇaḥ prajāpatiḥ savitā2nnam ihā2harat । annapate3 'nnam ihā2harā2haro3m iti ॥

열세 번째 칸다 : 여러 음절들의 신비한 의미[015]

1. '하우(hau)'라는 소리는 이 세계이다.[016] '하이(hai)'라는 소리는 바람이다.[017] '아타(atha)'라는 소리는 달이다.[018] '이하(iha)'라는 소리는 자기 자신이다.[019] '이(ī)'라는 소리는 아그니이다.[020]

   ayaṃ vāva loko hāukāraḥ । vāyur hāikāraḥ । candramā athakāraḥ । ātmehakāraḥ । agnir īkāraḥ ॥

2. '우(ū)'라는 소리는 태양이다.[021] '에(e)'라는 소리는 부름이다.[022] '아우호이(auhoi)'라는 소리는 비슈바데바이다.[023] '힝(hiṅ)'이라는 소리는 프라자파티이다.[024] '스바라(svara)'[라는 소리]는 숨이다.[025] '야(ya)'[라는 소리]는 음식이다.[026] '바츠(vāc)'[라는 소리]는 비라즈이다.[027]

   āditya ūkāraḥ । nihava ekāraḥ । viśve devā auhoyikāraḥ । prajapatir hiṅkāraḥ । prāṇaḥ svaraḥ । annaṃyā । vāg virāṭ ॥

3. 13번째 소리인 '훔'(hum)이라는 소리는 움직이는 것이고 규정되지 않는다.

   aniruktas trayodaśaḥ stobhaḥ saṃcaro huṅkāraḥ॥

4. 말(vāc, 言)은 우유를 산출한다. [그러므로] 말은 곧 우유이다. 사만의 신비한 지식, [그] 신비한 지식을 그렇게 아는 자는 음식을 가진 자가 되며, 음식을 먹는 자가 된다.[028]

dugdhe 'smai vāg dohaṃ yo vāco dohaḥ । annavān annādo bhavati । ya etām evaṃ sāmnām upaniṣadaṃ vedopaniṣadaṃ veda ॥

두 번째 프라파타카

사만에 대한 다양한 설명들 2

두번째 프라파타카; 사만에 대한 다양한 설명들 2

첫 번째 칸다 : 좋은 것과 좋지 않은 것

1. 사만과 관련된 모든 것에 대한 숭배는 좋은 것이다. [그러므로] 사람들은 좋은 것을 '사만'(sāman)[029]이라고 부르며, 좋지 않은 것을 '아사만'(asāman)[030]이라고 부른다.
samastasya khalu sāmna upāsanaṃ sādhu । yat khalu sādhu tat sāmety ācakṣate । yad asādhu tad asāmeti ॥

2. [그러므로] 사람들은 이렇게 말한다. "그는 사만을 가지고 왔다. 그는 좋은 것을 가지고 왔다." 또 사람들은 이렇게 말한다. "그는 아사만을 가지고 왔다. 그는 좋지 않은 것을 가지고 왔다."
tad utāpy āhuḥ । sāmnainam upāgād iti sādhunainam upāgād ity eva tad āhuḥ । asāmnainam upāgād iti asādhunainam upāgād ity eva tad āhuḥ ॥

3. 또 사람들은 "좋은 것, [그것은] 우리들의 사만이다. 아 좋구나."라고

말한다. 또 사람들은 "좋지 않은 것, [그것은] 우리들의 아사만이다. 아, 좋지 않구나."라고 말한다.

athotāpy āhuḥ । sāma no bateti yat sādhu bhavati sādhu batety eva tad āhuḥ । asāma no bateti yad asādhu bhavaty asādhu batety eva tad āhuḥ ॥

4. 이것을 알고서 '사만은 좋은 것'이라고 숭배하는 자는 좋은 공덕들이 [그에게로] 가고, [그에게로] 향해갈 것이 기대된다.

sa ya etad evaṃ vidvān sādhu sāmety upāste 'bhyāśo ha yad enaṃ sādhavo dharmā ā ca gaccheyur upa ca nameyuḥ॥

두 번째 칸다 : 다섯 종류의 사만과 세계[031]

1. 사람은 세계 속에서 다섯 종류의 사만을 숭배해야 한다. 대지는 힝카라이다. 불은 프라스타바이다. 창공은 우드기타이다. 태양은 프라티하라이다. 하늘은 니다나이다. 이것은 위로 올라가는 순서이다.

lokeṣu pañcavidhaṃ sāmopāsīta । pṛthivī hiṅkāraḥ । agniḥ prastāvaḥ । antarikṣam udgīthaḥ । ādityaḥ pratihāraḥ । dyaur nidhanam । ity ūrdhveṣu ॥

2. 이번에는 반대[의] 순서이다. 하늘은 힝카라이다. 태양은 프라스타바이다. 창공은 우드기타이다. 불은 프라티하라이다. 대지는 니다나이다.

athāvṛtteṣu । dyaur hiṅkāraḥ । ādityaḥ prastāvaḥ । antarikṣam udgīthaḥ । agniḥ pratihāraḥ । pṛthivī nidhanam ॥

3. 위로 올라가는 순서와 반대의 순서를 그렇게 알고서, 이 세계에서 다섯 종류의 사만을 숭배하는 사람을 세계는 돕는다.
kalpante hāsmai lokā ūrdhvāś cāvṛttaś ca ya etad evaṃ vidvāṃl lokeṣu pañcavidhaṃ sāmopāste ‖

세 번째 칸다 : 다섯 종류의 사만과 비

1. 사람은 비 속에서 다섯 종류의 사만을 숭배해야 한다. 바람은 힝카라이다. 구름은 프라스타바이다. 비는 우드기타이다. 번개와 천둥은 프라티하라이다.
vṛṣṭau pañcavidhaṃ sāmopāsīta ǀ purovāto hiṅkāraḥ ǀ megho jāyate sa prastāvaḥ ǀ varṣati sa udgīthaḥ ǀ vidyotate stanayati sa pratihāraḥ‖

2. [또한] 날씨가 개이는 것은 니다나이다.[032] 이것을 알고서 비 속에 있는 다섯 종류의 사만을 숭배하는 자, 그는 비가 오게 할 수 있다.
udgṛhṇāti tan nidhanaṃ varṣayati ha ya etad evaṃ vidvān vṛṣṭau pañcavidhaṃ sāmopāste ‖

네 번째 칸다 : 다섯 종류의 사만과 물

1. 사람은 물속에서 다섯 종류의 사만을 숭배해야 한다. 구름이 모이는 것, 그것은 힝카라이다. 비가 오는 것, 그것은 프라스타바이다. 동쪽으로 흐르는 것, 그것은 우드기타이다. 서쪽으로 [흐르는] 것, 그것은 프

라티하라이다. 바다는 니다나이다.

sarvāsv apsu pañcavidhaṃ sāmopāsīta । megho yat saṃplavate sa hiṅkāraḥ । yad varṣati sa prastāvaḥ । yāḥ prācyaḥ syandante sa udgīthaḥ । yāḥ pratīcyaḥ sa pratihāraḥ । samudro nidhanam ॥

2. 이것을 알고서 물속에 있는 다섯 종류의 사만을 숭배하는 자, 그는 물에 빠져 죽지 않으며 물을 가진 자가 된다.

na hāpsu praity apsumān bhavati ya etad evaṃ vidvān sarvāsv apsu pañcavidhaṃ sāmopāste ॥

다섯 번째 칸다 : 다섯 종류의 사만과 계절

1. 사람은 계절 속에서 다섯 종류의 사만을 숭배해야 한다. 봄은 힝카라이다. 여름은 프라스타바이다. 우기(雨期)는 우드기타이다. 가을은 프라티하라이다. 겨울은 니다나이다.

ṛtuṣu pañcavidhaṃ sāmopāsīta । vasanto hiṅkāraḥ । grīṣmaḥ prastāvaḥ । varṣā udgīthaḥ । śarat pratihāraḥ । hemanto nidhanam ॥

2. 이것을 알고서 계절들 속에서 다섯 종류의 사만을 숭배하는 자, 계절은 그를 따르며 그는 계절을 가진 자가 된다.

kalpante hāsmā ṛtava ṛtumān bhavati ya etad evaṃ vidvān ṛtuṣu pañcavidhaṃ sāmopāste ॥

여섯 번째 칸다 : 다섯 종류의 사만과 동물

1. 사람은 동물들 속에서 다섯 종류의 사만을 숭배해야 한다. 염소들은 힝카라이다. 양들은 프라스타바이다. 암소들은 우드기타이다. 말들은 프라티하라이다. 사람은 니다나이다.
paśuṣu pañcavidhaṃ sāmopāsīta । ajā hiṅkāraḥ । avayaḥ prastāvaḥ । gāva udgīthaḥ । aśvaḥ pratihāraḥ । puruṣo nidhanam ॥

2. 이것을 알고서 동물들 속에서 다섯 종류의 사만을 숭배하는 자, 동물들은 그의 것이 되며 그는 동물들을 가진 자가 된다.
bhavanti hāsya paśavaḥ paśumān bhavati ya etad evaṃ vidvān paśuṣu pañcavidhaṃ sāmopāste ॥

일곱 번째 칸다 : 다섯 종류의 사만과 생명의 숨

1. 사람은 가장 뛰어난 생명의 숨들 속에서 다섯 종류의 사만을 숭배해야 한다. 숨은 힝카라이다. 말은 프라스타바이다. 눈은 우드기타이다. 귀는 프라티하라이다. 마음은 니다나이다. 이것들은 가장 뛰어난 것들이다.
prāṇeṣu pañcavidhaṃ parovarīyaḥ sāmopāsīta । prāṇo hiṅkāraḥ । vāk prastāvaḥ । cakṣur udgīthaḥ । śrotraṃ pratihāraḥ । mano nidhanam । parovarīyāṃsi vā etāni ॥

2. 이것을 알고서 가장 뛰어난 생명의 숨들 속에서 다섯 종류의 사만을

숭배하는 자, 가장 뛰어난 것은 그의 것이 되며, 그는 가장 뛰어난 다섯 종류의 세계들을 획득하게 된다. 된다. 이것이 다섯 종류의 사만에 [대한 설명이다].

parovarīyo hāsya bhavati parovarīyaso ha lokāñ jayati ya etad evaṃ vidvān prāṇeṣu pañcavidhaṃ parovarīyaḥ sāmopāste । iti tu pañcavidhasya ॥

여덟 번째 칸다 : 일곱 종류의 사만과 말[033]

1. 이제 일곱 종류의 [사만]에 대해서 말하겠다. 사람은 말(言) 속에서 일곱 종류의 사만을 숭배해야 한다. '훔'이라는 말은 '힝카라'이다. '프라'라는 말은 '프라스타바'이다. '아'라는 말은 '아디'이다.
atha saptavidhasya । vāci saptavidham sāmopāsīta । yat kiṃca vāco hum iti sa hiṅkāraḥ । yat preti sa prastāvaḥ । yad eti sa ādiḥ ॥

2. '우드'라는 말은 '우드기타'이다. '프라티'라는 말은 '프라티하라'이다. '우파'라는 말은 '우파드라바'이다. '니'라는 말은 '니다나'이다.
yad ud iti sa udgīthaḥ । yat pratīti sa pratihāraḥ । yad upeti sa upadravaḥ । yan nīti tan nidhanam ॥

3. 이것을 알고서 말(言) 속에서 일곱 종류의 사만을 숭배하는 자, 그의 말은 우유가 [되고], 그의 말은 우유를 산출한다. 그는 음식을 가진 자가 되고, 음식을 먹는 자가 된다.[034]
dugdhe 'smai vāg dohaṃ yo vāco dohaḥ । annavān annādo bhavati । ya etad evaṃ vidvān vāci saptavidhaṃ sāmopāste ॥

아홉 번째 칸다 : 일곱 종류의 사만과 태양

1. 사람은 일곱 종류의 사만을 저 태양이라고 숭배해야 한다. [태양]은 항상 똑같기 때문에 사만이다. [사람들은 '태양은] 나를 바라본다. [태양은] 나를 바라본다.'라고 말한다. [그렇게] 항상 똑같기 때문에 그것은 사만이다.

atha khalv amum ādityaṃ saptavidhaṃ sāmopāsīta । sarvadā samas tena sāma । māṃ prati māṃ pratīti sarveṇa samas tena sāma ॥

2. 사람은 [태양]에 모든 생명들이 관련되어 있다고 알아야 한다. [태양]이 뜨기 이전은 '힝카라'이다. 동물들은 [힝카라]와 관련되어 있다. 그래서 [동물]들은 '힝'이라고 [소리를] 내는 것이다. 실로 [동물들은] 사만의 힝카라 참여자들이다.

tasminn imāni sarvāṇi bhūtāny anvāyattānīti vidyāt । tasya yat purodayāt sa hiṅkāraḥ । tad asya paśavo 'nvāyattāḥ । tasmāt te hiṅ kurvanti । hiṅkārabhājino hy etasya sāmnaḥ ॥

3. [태양]이 떠오른 이후는 '프라스타바'이다. 사람들은 [프라스타바]와 관련되어 있다. 그래서 [사람]들은 찬양을 바라면서 노래를 바라는 것이다. 실로 [사람들은] 사만의 프라스타바 참여자들이다.

atha yat prathamodite sa prastāvaḥ । tad asya manuṣyā anvāyattāḥ । tasmāt te prastutikāmāḥ praśaṃsākāmāḥ । prastāvabhājino hy etasya sāmnaḥ ॥

4. 소떼를 모으는 시간은 '아디'이다. 새들은 [아디]와 관련되어 있다. 그러므로 [새]들은 창공 속에서 손잡이도 없이 스스로를 붙잡고 날아 다니는 것이다. 실로 [새들은] 사만의 아디 참여자들이다.

atha yat saṃgavavelāyāṃ sa ādiḥ । tad asya vayāṃsy anvāyattāni । tasmāt tāny antarikṣe 'nārambhaṇāny ādāyātmānaṃ paripatanti । ādibhājīni hy etasya sāmnaḥ ॥

5. 정오는 '우드기타'이다. 신들은 [우드기타]와 관련되어 있다. 그러므로 [신]들은 프라자파티의 후손들 가운데 최고이다. 실로 [신들은] 사만의 우드기타 참여자들이다.

atha yat saṃprati madhyaṃdine sa udgīthaḥ । tad asya devā anvāyattāḥ । tasmāt te sattamāḥ prājāpatyānām । udgīthabhājino hy etasya sāmnaḥ॥

6. 정오 이후부터 저녁 이전은 '프라티하라'이다. 태아(胎兒)들은 [프라티하라]와 관련되어 있다. 그러므로 [태아]들은 위로 떠받쳐져서 아래로 떨어지지 않는 것이다. 실로 [태아들은] 사만의 프라티하라 참여자들이다.

atha yad ūrdhvaṃ madhyaṃdināt prāg aparāhṇāt sa pratihāraḥ । tad asya garbhā anvāyattāḥ । tasmāt te pratihṛtā nāvapadyante । pratihārabhājino hy etasya sāmnaḥ॥

7. 저녁 이후부터 일몰 이전은 '우파드라바'이다. 숲[의 동물들]은 [우파드라바]와 관련되어 있다. 그러므로 [숲의 동물]들은 사람을 보면 숨을 곳으로 다가가는 것이다. 실로 [숲의 동물들은] 사만의 우파드라바 참여자들이다.

atha yad ūrdhvam aparāhṇāt prāg astam ayāt sa upadravaḥ । tad asyāraṇyā anvāyattāḥ । tasmāt te puruṣaṃ dṛṣṭvā kakṣaṃ śvabhram ity upadravanti । upadravabhājino hy etasya sāmnaḥ ॥

8. 일몰 직후는 '니다나'이다. 조상들은 [니다나]와 관련되어 있다. 그러므로 사람들은 [조상들] 곁에 눕는 것이다. 실로 [조상들은] 사만의 니다나 참여자들이다. 이와 같이 사람은 저 태양을 일곱 종류의 사만이라고 숭배해야 한다.

atha yat prathamāstamite tan nidhanam । tad asya pitaro 'nvāyattāḥ । tasmāt tān nidadhati । nidhanabhājino hy etasya sāmnaḥ । evaṃ khalv amum ādityaṃ saptavidhaṃ sāmopāste ॥

열 번째 칸다 : 일곱 종류의 사만과 22개의 음절들

1. 사람은 일곱 종류의 사만을 아트만과 닮은 것, 죽음을 넘어선 것이라고 숭배해야 한다. 힝카라(hiṅkāra)는 세 음절이고 프라스타바(prastāva)도 세 음절이다. [그러므로] 그것은 같다.

atha khalv ātmasaṃmitam atimṛtyu saptavidhaṃ sāmopāsīta । hiṅkāra iti tryakṣaram । prastāva iti tryakṣaram । tat samam ॥

2. 아디(ādi)는 두 음절이고 프라티하라(pratihāra)는 네 음절이다. [그러나 프라티하라]에서 [아디]로 한 [음절]을 [옮기면] 그것은 같아진다.

ādir iti dvyakṣaram । pratihāra iti caturakṣaram । tata ihaikam । tat samam ॥

3. 우드기타(udgītha)는 세 음절이고 우파드라바(upadrava)는 네 음절이다. 세 [음절]과 세 [음절]은 같다. [그러면 거기서 한] 음절이 남는데 [음절(akṣara)이라는 말은] 세 음절이다.[035] [그러므로] 그것도 같아진다.

udgītha iti tryakṣaram upadrava iti caturakṣaraṃ tribhis tribhiḥ samaṃ bhavati । akṣaram atiśiṣyate tryakṣaram । tat samam ॥

4. 니다나(nidhana)는 세 음절이다. [힝카라, 프라스타바 등]이 [모여서] 사만이 된다. 그것들은 모두 22개의 음절들이다.

nidhanam iti tryakṣaram । tat samam eva bhavati । tāni ha vā etāni dvāviṃśatir akṣarāṇi ॥

5. 사람은 [그 가운데] 21개[의 음절]을 가지고 태양에 도달한다. 태양은 이 [세상]으로부터 스물한 번째의 거리에 있기 때문이다.[036] [그리고] 사람은 22개[의 음절]을 가지고 태양을 넘어서 있는 것을 얻는다. 그것은 천국이다. 그것은 슬픔을 넘어선 것이다.[037]

ekaviṃśaty ādityam āpnoti । ekaviṃśo vā ito 'sāv ādityaḥ । dvāviṃśena param ādityāj jayati । tan nākam । tad viśokam ॥

6. 그것을 알고서 [22개의 음절을 가진] 일곱 종류의 사만을 아트만과 닮은 것, 죽음을 넘어선 것이라고 숭배하는 자, 그는 태양을 획득하며, 태양을 넘어서 있는 [천국]을 획득한다.

āpnotīhādityasya jayam । paro hāsyādityajayāj jayo bhavati ya etad evaṃ vidvān ātmasaṃmitam atimṛtyu saptavidhaṃ sāmopāste sāmopāste ॥

열한 번째 칸다 : 가야트라 사만과 생명의 숨

1. 마음은 힝카라이다. 말(言)은 프라스타바이다. 눈은 우드기타이다. 귀는 프라티하라이다. 숨은 니다나이다. 이것이 생명의 숨들 위에 엮어진 가야트라[038] [사만]이다.

mano hiṅkāraḥ । vāk prastāvaḥ । cakṣur udgīthaḥ । śrotraṃ pratihāraḥ । prāṇo nidhanam । etad gāyatraṃ prāṇeṣu protam ॥

2. 생명의 숨들 위에 엮어진 가야트라 [사만]을 그와 같이 아는 자, 그는 생명의 숨을 가진 자가 되며, 온전한 수명에 도달하여 오래 살며, 자손과 소떼가 많아지며, 유명해지며, 위대한 자가 된다. 이것은 [우주의] 법칙이다.

sa ya evam etad gāyatraṃ prāṇeṣu protaṃ veda । prāṇī bhavati । sarvam āyur eti । jyog jīvati । mahān prajayā paśubhir bhavati । mahān kīrtyā । mahāmanāḥ syāt । tad vratam ॥

열두 번째 칸다 : 라탐타라 사만과 불

1. [나무를] 비비는 것은 힝카라이다. 연기가 일어나는 것은 프라스타바이다. 불이 타는 것은 우드기타이다. 숯이 되는 것은 프라티하라이다. 불이 꺼져가는 것은 니다나이다. 불이 완전히 꺼진 것도 니다나이다. 이것이 불위에 엮어져 있는 라탐타라 [사만]이다.

abhimanthati sa hiṅkāraḥ । dhūmo jāyate sa prastāvaḥ । jvalati sa udgīthaḥ । aṅgārā bhavanti sa pratihāraḥ । upaśāmyati tan nidhanam | saṃśāmyati tan nidhanam | etad rathaṃtaram agnau protam ||

2. 불 위에 엮어진 라탐타라 [사만]을 그렇게 아는 사람, 그는 신성한 지식을 가진 자가 되며, 음식을 가진 자가 된다. [그는] 온전한 수명에 도달하여 오래 살고, 자손과 소떼가 많아지며 유명해진다. 그는 불을 향해서 물을 마시거나 침을 뱉어서는 안된다. 이것은 [우주의] 법칙이다.
sa ya evam etad rathaṃtaram agnau protaṃ veda | brahmavarcasy annādo bhavati | sarvam āyur eti | jyog jīvati | mahān prajayā paśubhir bhavati | mahān kīrtyā | na pratyaṅṅ agnim ācāmen na niṣṭhīvet | tad vratam ||

열세 번째 칸다 : 바마데비야 사만과 성적 결합

1. [여자를] 가까이 부르는 것은 힝카라이다. [결합을] 청하는 것은 프라스타바이다. 여자와 함께 눕는 것은 우드기타이다. 여자 위에 눕는 것은 프라티하라이다. 끝나는 것은 니다나이다. 다른 곳으로 가는 것은 니다나이다. 이것이 [성적] 결합 위에 엮어진 바마데비야 [사만]이다.
upamantrayate sa hiṅkāraḥ | jñapayate sa prastāvaḥ | striyā saha śete sa udgīthaḥ | prati strīṃ saha śete sa pratihāraḥ | kālaṃ gacchati tan nidhanam | pāraṃ gacchati tan nidhanam | etad vāmadevyaṃ mithune protam ||

2 [성적] 결합 위에 엮어진 바마데비야 [사만]을 그렇게 아는 사람, 그는 [성적으로] 결합한 자가 되고, 모든 [성적] 결합에서 [자손을] 산출하며,

온전한 수명에 도달하여 오래 살며, 자손과 소떼가 많아지며 유명해진다. 그는 어떤 욕망도 무시해서는 안 된다. 그것은 [우주적] 법칙이다.

sa ya evam etad vāmadevyaṃ mithune protaṃ veda । mithunī bhavati । mithunān mithunāt prajāyate । sarvam āyur eti । jyog jīvati । mahān prajayā paśubhir bhavati । mahān kīrtyā । na kāṃcana pariharet । tad vratam ॥

열네 번째 칸다 : 브리하드 사만과 태양

1. 떠오르는 [해]는 힝카라이다. 떠오른 [해]는 프라스타바이다. 정오의 [해]는 우드기타이다. 오후의 [해]는 프라티하라이다. 지는 [해]는 니다나이다. 이것이 해 위에 엮어진 브리하드 [사만]이다.

udyan hiṅkāraḥ । uditaḥ prastāvaḥ । madhyaṃdina udgīthaḥ । aparāhṇaḥ pratihāraḥ । astaṃ yan nidhanam । etad bṛhad āditye protam ॥

2. 해 위에 엮어진 브리하드 [사만]을 그렇게 아는 사람, 그는 찬란한 자, 음식을 먹는 자가 되며, 온전한 수명에 도달하여 오래 살며, 자손과 소떼가 많아지게 되며 유명해진다. 그는 타오르는 [해를] 비난해서는 안 된다. 그것은 [우주적] 법칙이다.

sa ya evam etad bṛhad āditye protaṃ veda । tejasvy annādo bhavati । sarvam āyur eti । jyog jīvati । mahān prajayā paśubhir bhavati । mahān kīrtyā । tapantaṃ na nindet । tad vratam ॥

열다섯 번째 칸다 : 바이루파 사만과 비

1. 구름이 모여드는 것은 힝카라이다. 비구름이 만들어지는 것은 프라스타바이다. 비가 오는 것은 우드기타이다. 번개가 치고 천둥이 치는 것은 프라티하라이다. 비가 멈추는 것은 니다나이다. 이것이 비 위에 엮어진 바이루파 [사만]이다.
abhrāṇi saṃplavante sa hiṅkāraḥ । megho jāyate sa prastāvaḥ । varṣati sa udgīthaḥ । vidyotate stanayati sa pratihāraḥ । udgṛhṇāti tan nidhanam । etad vairūpaṃ parjanye protam ॥

2. 비 위에 엮어진 바이루파 [사만]을 그렇게 아는 사람, 그는 다양하고 훌륭한 소떼를 가지게 되며, 온전한 수명에 도달하여 오래 살며, 자손과 소떼들이 많아지게 되며 유명해진다. 그는 비가 오는 것을 비난해서는 안된다. 그것은 [우주적] 법칙이다.
sa ya evam etad vairūpaṃ parjanye protaṃ veda । virūpāṃś ca surūpaṃś ca paśūn avarundhe । sarvam āyur eti । jyog jīvati । mahān prajayā paśubhir bhavati । mahān kīrtyā । varṣantaṃ na nindet । tad vratam ॥

열여섯 번째 칸다 : 바이라자 사만과 계절

1. 봄은 힝카라이다. 여름은 프라스타바이다. 우기(雨期)는 우드기타이다. 가을은 프라티하라이다. 겨울은 니다나이다. 이것이 계절들 위에 엮어진 바이라자 [사만]이다.

vasanto hiṅkāraḥ । grīṣmaḥ prastāvaḥ । varṣā udgīthaḥ । śarat pratihāraḥ । hemanto nidhanam । etad vairājam ṛtuṣu protam ॥

2. 계절들 위에 엮어진 바이라자 [사만]을 그렇게 아는 사람, 그는 자손과 소떼와 신성한 지식으로 빛나게 되며, 온전한 수명에 도달하게 되며, 자손과 소떼가 많아지게 되며 유명해진다. 그는 계절들을 비난해서는 안 된다. 그것은 [우주적] 법칙이다.

sa ya evam etad vairājam ṛtuṣu protaṃ veda । virājati prajayā । paśubhir brahmavarcasena । sarvam āyur eti । jyog jīvati । mahān prajayā paśubhir bhavati । mahān kīrtyā। ṛtūn na nindet । tad vratam ॥

열일곱 번째 칸다 : 샤크바리 사만과 세계

1. 대지는 힝카라이다. 창공은 프라스타바이다. 하늘은 우드기타이다. 방위는 프라티하라이다. 바다는 니다나이다. 이것들이 세계 위에 엮어진 샤크바리 [사만]이다.

pṛthivī hiṅkāraḥ । antarikṣaṃ prastāvaḥ । dyaur udgīthaḥ । diśaḥ pratihāraḥ । samudro nidhanam । etāḥ śakvaryo lokeṣu protāḥ ॥

2. 세계 위에 엮어진 샤크바리 [사만]을 그렇게 아는 사람, 그는 세계의 소유자가 되며, 온전한 수명에 도달하여 오래 살며, 자손과 소떼가 많아지게 되며 유명해진다. 그는 세계를 비난해서는 안 된다. 그것은 [우주적] 법칙이다.

sa ya evam etāḥ śakvaryo lokeṣu protā veda । lokī bhavati

sarvam āyur eti । jyog jīvati । mahān prajayā paśubhir bhavati । mahān kīrtyā । lokān na nindet । tad vratam ॥

열여덟 번째 칸다 : 레바티 사만과 동물들

1. 염소들은 힝카라이다. 양들은 프라스타바이다. 소들은 우드기타이다. 말들은 프라티하라이다. 사람은 니다나이다. 이것들이 동물들 위에 엮어져 있는 레바티 [사만]이다.
ajā hiṅkāraḥ । avayaḥ prastāvaḥ । gāva udgīthaḥ । aśvāḥ pratihāraḥ । puruṣo nidhanam । etā revatyaḥ paśuṣu protāḥ ॥

2. 동물들 위에 엮어진 레바티 [사만]을 그렇게 아는 사람, 그는 동물들을 가진 자가 되며, 온전한 수명에 도달하여 오래 살며, 자손들과 가축들이 많아지게 되며 유명해진다. 그는 동물들을 비난해서는 안 된다. 그것은 [우주적] 법칙이다.
sa ya evam etā revatyaḥ paśuṣu protā veda । paśumān bhavati । sarvam āyur eti । jyog jīvati । mahān prajayā paśubhir bhavati । mahān kīrtyā । paśūn na nindet । tad vratam ॥

열아홉 번째 칸다 : 야즈냐야즈니야 사만과 육신

1. 털은 힝카라이다. 피부는 프라스타바이다. 살은 우드기타이다. 뼈는 프라티하라이다. 골수는 니다나이다. 이것이 육신의 부분들 위에 엮어진 야즈냐야즈니야 [사만]이다.

loma hiṅkāraḥ ꠰ tvak prastāvaḥ ꠰ māṃsam udgīthaḥ ꠰ asthi pratihāraḥ ꠰ majjā nidhanam ꠰ etad yajñāyajñīyam aṅgeṣu protam ॥

2. 육신의 부분들 위에서 엮어진 야즈냐야즈니야 [사만]을 그렇게 아는 사람, 그는 육신적 부분들의 소유자가 되며, 육신적 부분들의 결함이 없어지며, 온전한 수명에 도달하게 되어 오래 살며, 자손과 가축들이 많아지며 유명해진다. 그는 일년 내내 골수를 먹어서는 안 된다. 그것은 [우주적] 법칙이다. 그는 [일년 내내] 절대로 골수를 먹어서는 안 된다.

sa ya evam etad yajñāyajñīyam aṅgeṣu protaṃ veda ꠰ aṅgī bhavati ꠰ nāṅgena vihūrchati ꠰ sarvam āyur eti ꠰ jyog jīvati ꠰ mahān prajayā paśubhir bhavati ꠰ mahān kīrtyā ꠰ saṃvatsaraṃ majjño nāśnīyāt ꠰ tad vratam ꠰ majjño nāśnīyād iti vā ॥

스무 번째 칸다 : 라자나 사만과 신성한 것들

1. 불은 힝카라이다. 바람은 프라스타바이다. 해는 우드기타이다. 별은 프라티하라이다. 달은 니다나이다. 이것이 신성한 것들 위에 엮어진 라자나 [사만]이다.

agnir hiṅkāraḥ ꠰ vāyuḥ prastāvaḥ ꠰ āditya udgīthaḥ ꠰ nakṣatrāṇi pratihāraḥ ꠰ candramā nidhanam ꠰ etad rājanaṃ devatāsu protam ॥

2. 신성한 것들 위에 엮어진 라자나 [사만]을 그렇게 아는 사람, 그는 신성한 것들의 세계로 가며, 신성한 것들과 결합하게 된다. [그는] 온전한 수명에 도달하여 오래 살며, 자손과 가축들이 많아지며 유명해진

다. 그는 바라문들을 비난해서는 안 된다. 그것은 [우주적] 법칙이다.

sa ya evam etad rājanaṃ devatāsu protaṃ veda । etāsām eva devatānāṃ salokatāṃ sarṣṭitāṃ sāyujyaṃ gacchati । sarvam āyur eti । jyog jīvati । mahān prajayā paśubhir bhavati । mahān kīrtyā । brāhmaṇān na nindet । tad vratam ॥

스물한 번째 칸다 : 사만과 모든 것들

1. 세 개의 베다는 힝카라이다. 세 개의 세계들은[039] 프라스타바이다. 불과 바람과 태양은[040] 우드기타이다. 별들과 새들과 밝은 빛살들은 프라티하라이다. 뱀들과 간다르바들과 조상들은 니다나이다. 이것이 모든 것들 위에 엮어진 사만이다.

trayī vidyā hiṅkāraḥ । traya ime lokāḥ sa prastāvaḥ । agnir vāyur ādityaḥ sa udgīthaḥ । nakṣatrāṇi vayāṃsi marīcayaḥ sa pratihāraḥ । sarpā gandharvāḥ pitaras tan nidhanam । etat sāma sarvasmin protam ॥

2. 모든 것들 위에 엮어진 사만을 그렇게 아는 자, 그는 모든 것들이 된다.

sa ya evam etat sāma sarvasmin protaṃ veda sarvaṃ ha bhavati ॥

3. 여기 이런 게송이 있다.

tad eṣa ślokaḥ ।

다섯 종류의 세 가지 사물들,
그것보다 훌륭하고 뛰어난 것은 없다.
yāni pañcadhā trīṇi trīṇi ।
tebhyo na jyāyaḥ param anyad asti ॥

4. 그것을 아는 자, 그는 모든 것을 알며,
모든 방위들은 그에게 공물을 준다.
yas tad veda sa veda sarvam ।
sarvā diśo balim asmai haranti ।

그는 '모든 것은 나의 것이다.'라고 명상해야 한다. 그것이 [우주적] 법칙이다. 그것이 [우주적] 법칙이다.
sarvam asmīty upāsita । tad vrataṃ tad vratam ॥

스물두 번째 칸다 : 여러 신들의 우드기타와 여러 음절들

1. '나는 으르렁거리는 동물에게 적절한 찬가를 선택할 것이다.'라고 하는 것은 아그니의 우드기타이다. '말할 수 없는 것'은 프라자파티의 [우드기타]이다. '말할 수 있는 것'은 소마의 [우드기타]이다. '부드럽고 매끈한 것'은 바유의 [우드기타]이다. '매끈하고 힘있는 것'은 인드라의 [우드기타]이다. '물수리 같은 것'은 브리하스파티의 [우드기타]이다. '잘못 발음되는 것'은 바루나의 [우드기타]이다. 사람들은 이 모든 것을 불러도 되지만, 바루나의 [우드기타]는 피해야 한다.
vinardi sāmno vṛṇe paśavyam ity agner udgīthaḥ । aniruktaḥ

prajāpateḥ | niruktaḥ somasya | mṛdu ślakṣṇaṃ vāyoḥ | ślakṣṇaṃ balavad indrasya | krauñcaṃ bṛhaspateḥ | apadhvāntaṃ varuṇasya | tān sarvān evopaseveta | vāruṇaṃ tv eva varjayet ||

2. 그는 '신들의 불사(不死)를 얻기 위해 노래해야지.'라고 [마음속으로 명상하면서 그것을] 얻기 위해 노래할 것이다. [그리고] 그는 '조상들을 위한 공물, 사람들을 위한 희망, 가축들을 위한 풀과 물, 제주(祭主)를 위한 천상의 세계, 나 자신을 위한 음식을 얻기 위해 노래해야지.'라고 마음속으로 명상하면서 주의해서 노래해야 한다.

amṛtatvaṃ devebhya āgāyānīty āgāyet | svadhāṃ pitṛbhya āśāṃ manuṣyebhyas tṛṇodakaṃ paśubhyaḥ svargaṃ lokaṃ yajamānāyānnam ātmana āgāyānīty etāni manasā dhyāyann apramattaḥ stuvīta ||

3. 모든 모음(母音)들은 인드라의 몸이다. 모든 우슈만[041]들은 프라자파티의 몸이다. 모든 자음(子音)들은 므리튜(죽음)의 몸이다. [그러므로 누가] 모음에 대해서 비난하면, '나는 인드라의 보호를 허락받았다. [인드라]가 너에게 대답하리라.'라고 그에게 말해야 한다.

sarve svarā indrasyātmānaḥ | sarva ūṣmāṇaḥ prajāpater ātmānaḥ | sarve sparśā mṛtyor ātmānaḥ | taṃ yadi svareṣūpālabheta | indraṃ śaraṇaṃ prapanno 'bhūvaṃ sa tvā prati vakṣyatīty enaṃ brūyāt ||

4. 만약 [누가] 우슈만에 대해서 비난하면, '나는 프라자파티에게 보호를 허락받았다. [프라자파티]가 너를 해칠 것이다.'라고 그에게 말해야 한다. 만약 어떤 사람이 자음에 대해서 비난하면, '나는 므리튜에게 보호

를 허락받았다. [므리튜]가 너를 태울 것이다.'라고 그에게 말해야 한다.

atha yady enam ūṣmāsūpālabheta । prajāpatiṃ śaraṇaṃ prapanno 'bhūvaṃ sa tvā prati pekṣyatīty enaṃ brūyāt । atha yady enaṃ sparśeṣūpālabheta । mṛtyuṃ śaraṇaṃ prapanno 'bhūvaṃ sa tvā prati dhakṣyatīty enaṃ brūyāt ॥

5. 모든 모음(母音)들은 [다음과 같이 생각하면서] 낭랑하고 힘있게 발음되어야 한다. '인드라여, 내게 힘을 주소서.' 모든 우슈만은 [다음과 같이 생각하면서] 빠뜨리지 말고 분명하게, [입을] 잘 벌려서 발음되어야 한다. '프라자파티여, 나를 헌신하게 하소서.' 모든 자음(子音)들은 [다음과 같이 생각하면서] 부분들을 결합하지 말고 발음되어야 한다. '죽음이여, 나를 죽음에서 구하소서.'

sarve svarā ghoṣavanto balavanto vaktavyā indre balaṃ dadānīti । sarva ūṣmāṇo 'grastā anirastā vivṛtā vaktavyāḥ prajāpater ātmānaṃ paridadānīti । sarve sparśā leśenānabhinihitā vaktavyā mṛtyor ātmānaṃ pariharāṇīti ॥

스물 세 번째 칸다 : 세가지 종교적 의무와 '옴'의 출현

1. 세 가지 종교적인 의무가 있다. 첫째는 제사[의 수행]과 베다의 연구와 보시이다. 둘째는 고행이다. 셋째는 스승의 집에 머물면서 신성한 지식을 공부하는 것, 즉 영원히 자신을 스승의 집에 머물도록 하는 것이다. 그 [세 가지] 모두를 [성취하면] 신성한 세계를 얻게 된다. 브라만

속에 머무는 자는 불사(不死)를 얻는다.

trayo dharmaskandhāḥ । yajño 'dhyayanaṃ dānam iti prathamaḥ । tapa eva dvitīyaḥ । brahmacāryācāryakulavāsī tṛtīyo 'tyantam ātmānam ācāryakule 'vasādayan । sarva ete puṇyalokā bhavanti । brahmasaṃstho 'mṛtatvam eti ॥

2. 프라자파티는 세계들을 [품어서] 따뜻하게 했다. [그러자] 그 [세계]들로부터, 따뜻해진 그 [세계]들로부터 세 가지 베다가 나타났다. [프라자파티는] 그 [세 가지 베다]를 [품어서] 따뜻하게 했다. 따뜻해진 그 [세 가지 베다]으로부터 '브후르, 브후바, 스바르'라는 세 음절들이 나왔다.[042]

prajāpatir lokān abhyatapat । tebhyo 'bhitaptebhyas trayī vidyā saṃprāsravat । tām abhyatapat । tasyā abhitaptāyā etāny akṣarāṇi saṃprāsravanta bhūr bhuvaḥ svar iti ॥

3. [프라자파티]는 그 [세 가지 음절]들을 [품어서] 따뜻하게 했다. 그것들이 따뜻해졌을 때, 따뜻해진 그 [음절]들로부터 "옴'(oṁ)'이라는 음절이 나왔다. 줄기에 모든 잎들이 매달려 있는 것처럼, '옴'에 모든 말들이 매달려 있다. [그러므로] '옴'이라는 말은 이 모든 것이다. 실로 '옴'이라는 말은 이 모든 것이다.

tāny abhyatapat । tebhyo 'bhitaptebhya oṃkāraḥ saṃprāsravat । tad yathā śaṅkunā sarvāṇi parṇāni saṃtṛṇṇāny evam oṃkāreṇa sarvā vāk saṃtṛṇṇā । oṃkāra evedaṃ sarvam oṃkāra evedaṃ sarvam ॥

스물네 번째 칸다 : 세 가지 공물들에 대한 보답

1. 신성한 지식을 아는 사람들은 이렇게 말한다. '아침의 소마 공물은 바수들의 것이고, 점심의 소마 공물은 루드라들의 것이고, 저녁의 소마 공물은 아디탸들과 비슈바데바들의 것이다.'

brahmavādino vadanti । yad vasūnāṃ prātaḥ savanam । rudrāṇāṃ mādhyaṃdinaṃ savanam । ādityānāṃ ca viśveṣāṃ ca devānāṃ tṛtīyasavanam ॥

2. 그렇다면 제주(祭主)들의 세계는 어디인가? 그것을 알지 못하는 자가 어떻게 [제사를] 수행하겠는가? 그러므로 그것을 아는 사람이 [제사를] 수행하도록 해야 한다.

kva tarhi yajamānasya loka iti । sa yas taṃ na vidyāt kathaṃ kuryāt । atha vidvān kuryāt ॥

3. 새벽의 찬가를 시작하기 전에, [제주]는 집주인의 불[043] 뒤에 앉아서, 북쪽을 향하여 바수들에게 [다음과 같이] 노래한다.

purā prātar anuvākasyopākaraṇāj jaghanena gārhapatyasyodāṅmukha upaviśya sa vāsavaṃ sāmābhigāyati ॥

4. 세계의 문을 열고 그대를 보게 하라.
우리들이 통치권을 얻도록 하라.[044]

lo3kadvāram apāv3ṛṇū33 । paśyema tvā vayaṃ rā33333
hu3ṁ ā33 jyā3yo32111 iti ॥

5. 그런 후에 [제주(祭主)]는 공물을 바치고 [이렇게 말한다]. '대지에 머물며, 세계에 머무는 아그니에게 예배합니다. 제주인 내가 세계를 얻도록 하소서. [그 세계]는 제주의 세계이니, 나는 [그 제주의 세계로] 가리라.'

atha juhoti | namo 'gnaye pṛthivīkṣite lokakṣite | lokaṃ me yajamānāya vinda | eṣa vai yajamānasya lokaḥ | etāsmi ||

6. [그리고 그는 계속해서 이렇게 말한다.] '제주의 삶은 여기서 [죽은 후에] 거기로 [간다]. 스바하. 빗장을 빼내라.' 그는 [그렇게] 말하고 나서 일어선다. 그러면 바수들은 그에게 아침의 소마 공물을 내려준다.

atra yajamānaḥ parastād āyuṣaḥ svāhā | apajahi parigham ity uktvottiṣṭhati | tasmai vasavaḥ prātaḥ savanaṃ saṃprayacchanti ||

7. 정오의 소마주를 압착하기 전에, 그는 제사용 불의 뒤에 북쪽을 향해 앉아서 루드라들에게 [다음과 같이] 노래한다.

purā mādhyandinasya savanasyopākaraṇāj jaghanenāgnīdhrīyasyodaṅ mukha upaviśya sa raudraṃ sāmābhigāyati ||

8. 세계의 문을 열고 그대를 보게 하라.

우리들이 통치권을 얻도록 하라.

lo3kadvāram apāvā3ṛṇū33 | paśyema tvā vayaṃ vairā33333

hu3m ā33 jyā3yo3 ā32111 iti ||

9. 그런 후에 그는 제사를 지내면서 [이렇게 말한다]. '창공에 머물며, 세계에 머무는 바유에게 예배합니다. 제주인 내가 세계를 얻도록 하소서. 그 [세계]는 제주의 세계이니, 나는 [그 제주의 세계로] 가리라.'

atha juhoti ǀ nāmo vāyave 'ntarikṣakṣite lokakṣite ǀ lokaṃ me yajamānāya vinda ǀ eṣa vai yajamānasya lokaḥ ǀ etāsmi ǁ

10. [그리고 그는 계속해서 이렇게 말한다.] "제주의 삶은 여기서 [죽은 후에] 거기로 [간다. 스바하. 빗장을 빼내라." 그는 [그렇게] 말하고 나서 일어선다. 그러면 루드라들은 그에게 정오의 소마 공물을 내려준다.
atra yajamānaḥ parastād āyuṣaḥ svāhā ǀ apajahi parigham ity uktvottiṣṭhati ǀ tasmai rudrā mādhyandinaṃ savanaṃ saṃprayacchanti ǁ

11. 세 번째 [저녁의] 소마주를 압착하기 전에, [제주]는 제사용 불의 뒤에 앉아서 북쪽을 향해서 아디탸들과 비슈바데바들에게 [다음과 같이] 노래한다.
purā tṛtīyasavanasyopākaraṇāj jaghanenāhavanīyasyodaṅ mukha upaviśya sa ādityaṃ sa vaiśvadevaṃ sāmābhigāyati ǁ

12. 먼저 아디탸들에게 [이렇게 노래한다].

세계의 문을 열고 그대를 보게 하라.
우리들이 통치권을 얻도록 하라.
lo3kadvāram apāvā3ṛṇū 33 ǀ paśyema tvā vayaṃ svārā33333
hu3m ā33 jyā3 yo3 ā32111 ity ādityam ǀ

13. 이제 비슈바데바들에게 [이렇게 노래한다].
atha vaiśvadevam ǀ

세계의 문을 열고 그대를 보게 하라.

우리들이 통치권을 얻도록 하라.

lo3kadvāram apāvā3ṛṇū33 । paśyema tvā vayaṃ sāmrā33333 hu3m ā33 jyā3 yo3 ā32111 iti ॥

14. 그런 후에 [제주]는 다시 공물을 바치고 [이렇게 말한다]. '하늘에 머물고 세계에 머무는 아디탸들과 비슈바데바들에게 예배하오니, 제주인 나의 세계를 알려 주시오.'

atha juhoti । nama ādityebhyaś ca viśvebhyaś ca devebhyo divikṣidbhyo lokakṣidbhyaḥ । lokaṃ me yajamānāya vindata ॥

15 [그리고 그는 계속해서 이렇게 말한다.] '그것은 제주의 세계이다. 그 제주의 삶은 여기서 [죽은 후에] 거기로 [간다]. 사바하. 빗장을 빼내라.' 그는 [그렇게] 말하고 나서 일어선다.

eṣa vai yajamānasya lokaḥ । etāsmy atra yajamānaḥ parastād āyuṣaḥ svāhā । apahata parigham ity uktvottiṣṭhati ॥

16. [그러면] 아디탸들과 비슈바데바들은 그에게 세 번째 소마 공물을 내려준다. 실로 이것을 아는 자, 그는 제사의 온전함을 아는 자이다.

tasmā ādityāś ca viśve ca devās tṛtīyasavanaṃ saṃprayacchanti । eṣa ha vai yajñasya mātrāṃ veda ya evaṃ veda ya evaṃ veda ॥

세 번째 프라파타카

베다와 우파니샤드,
그리고 브라만에 대한 가르침

세 번째 프라파타카 : 베다와 우파니샤드, 그리고 브라만에 대한 가르침

첫 번째 칸다 : 『리그 베다』와 태양

1. 실로 저편의 태양은 신들의 꿀이다. 하늘은 [태양]의 벌집이고, 창공은 벌집방이다. 빛의 입자들은 새끼[벌]들이다.
asau vā ādityo devamadhu । tasya dyaur eva tiraścīnavaṃśaḥ। antarikṣam apūpaḥ । marīcayaḥ putrāḥ ॥

2. [태양]의 동쪽 빛살들, 그것은 동쪽의 벌집방들이다. 리그의 찬가들은 꿀이고, 『리그 베다』는 꽃이다. [그 꽃 속에 있는] 불사의 음료, 그것이 바로 리그의 찬가들이다.
tasya ye prāñco raśmayas tā evāsya prācyo madhunāḍyaḥ । ṛca eva madhukṛtaḥ । ṛgveda eva puṣpam । tā amṛtā āpaḥ । tā vā etā ṛcaḥ ॥

3. [리그의 찬가들이] 『리그 베다』를 [따뜻하게] 품었다. [『리그 베다』]가 품어졌을 때, [『리그 베다』]로부터 그것의 정수인 빛, 힘, 원기, 음식 등

이 나타났다.

etam ṛgvedam abhyatapan । tasyābhitaptasya yaśas teja indriyaṃ vīryam annādyaṃ raso 'jāyata ॥

4. 그 [정수]가 [태양에] 스며들어서 태양과 결합하였다. 실로 그것이 태양의 붉은 모습이다.

tad vyakṣarat । tad ādityam abhito 'śrayat । tad vā etad yad etad ādityasya rohitaṃ rūpam ॥

두 번째 칸다 :『야주르 베다』와 태양

1. [태양]의 남쪽 빛살들, 그것들은 남쪽의 벌집방들이다. 야즈냐의 법전들은 꿀이고,『야주르 베다』는 꽃이다. [그 꽃 속에 있는] 불사의 음료, [그것이 바로 야즈냐의 법전들이다].

atha ye 'sya dakṣiṇā raśmayas tā evāsya dakṣiṇā madhunāḍyaḥ । yajūṃṣy eva madhukṛtaḥ । yajurveda eva puṣpam । tā amṛtā āpaḥ ॥

2. 야즈냐의 법전들은 그『야주르 베다』를 [따뜻하게] 품었다. [『야주르 베다』]가 품어졌을 때, 그 [『야주르 베다』]로부터 그것의 정수인 빛, 힘, 원기, 음식이 나타났다.

tāni vā etāni yajūṃṣy etaṃ yajurvedam abhyatapan । tasya abhitaptasya yaśas teja indriyaṃ vīryam annādyaṃ raso 'jāyata ॥

3. 그 [정수]들이 [태양에] 스며들어 태양과 결합하였다. 그것이 태양의 흰 모습이다.

tad vyakṣarat । tad ādityam abhito 'śrayat । tad vā etad yad etad ādityasya śuklaṃ rūpam ॥

세 번째 칸다 : 『사마 베다』와 태양

1. [태양]의 서쪽 빛살들, 그것들은 서쪽의 벌집방들이다. 사만의 찬가들은 꿀이고, 『사마 베다』는 꽃이다. [그 꽃 속에 있는] 불사의 음료, [그것이 바로 사만의 찬가들이다].

atha ye 'sya pratyañco raśmāyas tā evāsya pratīcyo madhunāḍyaḥ । sāmāny eva madhukṛtaḥ । sāmaveda eva puṣpam । tā amṛtā āpaḥ ॥

2. 그 사만의 찬가들은 『사마 베다』를 [따뜻하게] 품었다. [『사마 베다』]가 품어졌을 때, 그 [『사마 베다』]로부터 그것의 정수인 빛, 힘, 원기, 음식이 나타났다.

tāni vā etāni sāmāny etaṃ sāmavedam abhyatapan । tasyābhitaptasya yaśas teja indriyaṃ vīryam annādyaṃ raso 'jāyata ॥

3. 그 [정수]가 [태양에] 스며들어 태양과 결합하였다. 그것이 태양의 검은 모습이다.

tad vyakṣarat । tad ādityam abhito 'śrayat । tad vā etad yad etad ādityasya kṛṣṇaṃ rūpam ॥

네 번째 칸다 : 『아타르바 베다』와 태양

1. [태양]의 북쪽 빛살들, 그것들은 북쪽의 벌집방들이다. 아타르반과 앙기라스의 찬가들은 꿀이고,[045] 고대의 전설과 설화는 꽃이다. [그 꽃 속에 있는] 불사의 음료, [그것이 바로 아타르반과 앙기라스의 찬가들이다].

atha ye 'syodañco raśmayas tā evāsyodīcyo madhunāḍyaḥ । atharvāṅgirasa eva madhukṛtaḥ । itihāsapurāṇaṃ puṣpam । tā amṛtā āpaḥ ॥

2. 그 아타르반과 앙기라사의 찬가들은 고대의 전설과 설화들을 [따뜻하게] 품었다. [고대의 전설과 설화들]이 품어졌을 때 그 [고대의 전설과 설화들]로부터 그것의 정수인 빛, 힘, 원기, 음식이 나타났다.

te vāete 'tharvāṅgirasa etad itihāsapūrāṇam abhyatapan । tasyābhitaptasya yaśas teja indriyāṃ vīryam annādyaṃ raso 'jāyata ॥

3. 그 [정수]가 [태양]에 스며들어 태양과 결합하였다. 그것이 태양의 더욱 검은 모습이다.

tad vyakṣarat । tad ādityam abhito 'śrayat । tad vā etad yad etad ādityasya paraḥ kṛṣṇaṃ rūpam ॥

다섯 번째 칸다 : 『우파니샤드』와 태양

1. [태양]의 위쪽 빛살들, 그것들은 위쪽의 벌집방들이다. [『우파니샤드』의] 비밀스런 가르침들은 벌이다. 브라만은 꽃이다. [거기서] 불사(不死)의 음료가 얻어진다.

atha ye 'syordhvā raśmayas tā evāsyordhvā madhunāḍyaḥ | guhyā evādeśā madhukṛtaḥ | brahmaiva puṣpaṃ | tā amṛtā āpaḥ ||

2. 그 비밀스런 가르침들은 브라만을 [따뜻하게] 품었다. [브라만]이 품어졌을 때 그 [브라만]으로부터 그것의 정수인 빛, 힘, 원기, 음식이 나타났다.

te vā ete guhyā ādeśā etad brahmābhyatapan | tasyābhitaptasya yaśas teja indriyaṃ vīryam annādyaṃ raso 'jāyata ||

3. 그 [정수]가 [태양에] 스며들어 태양과 결합하였다. 그것이 태양의 중앙에 있는 떨리는 것이다.

tad vyakṣarat | tad ādityam abhito 'śrayat | tad vā etad yad etad ādityasya madhye kṣobhata iva ||

4. [『우파니샤드』의 가르침]은 정수 중의 정수이고 베다들은 정수들이다. [그러므로] [『우파니샤드』의 가르침]은 [베다들]의 정수이다. 실로 [『우파니샤드』의 가르침]이야말로 불사의 음료 중에서도 불사의 음료이다. 베다들은 불사의 음료이며, [『우파니샤드』의 가르침]은 [베다들]의 불사의 음료이기 때문이다.

te vā ete rasānāṃ rasāḥ । vedā hi rasāḥ । teṣām ete rasāḥ । tāni vāetāny amṛtānām amṛtāni । vedā hy amṛtāḥ । teṣām etāny amṛtāni ॥

여섯 번째 칸다 : 『리그 베다』와 바수

1. 바수들은 불의 입을 가지고 첫 번째 불사의 음료에[046] 의존하여 산다. [그러나] 그 신들은 먹지도 않고 마시지도 않는다. 그 [신]들은 그 불사의 음료를 보기만 하면 충족된다.
tad yat prathamam amṛtaṃ tad vasava upajīvanty agninā mukhena । na vai devā aśnanti na pibanti । etad evāmṛtaṃ dṛṣṭvā tṛpyanti ॥

2. 그 [신]들은 그 [첫 번째 불사의 음료] 형태 속으로 들어가기도 하고 거기서 나오기도 한다.
ta etad eva rūpam abhisaṃviśanti । etasmād rūpād udyanti ॥

3. 그 불사의 음료를 그렇게 아는 자, 그는 바수들 가운데 하나가 되어, 불의 입을 가지고 그 불사의 음료를 보는 것만으로 만족한다. 그는 그 [첫번째 불사의 음료] 형태 속으로 들어가기도 하고 거기서 나오기도 한다.
sa ya etad evam amṛtaṃ veda vasūnām evaiko bhūtvāgninaiva mukhenaitad evāmṛtaṃ dṛṣṭvā tṛpyati । sa etad eva rūpam abhisaṃviśati । etasmād rūpād udeti ॥

4. 태양이 동쪽에서 뜨고 서쪽으로 지는 한, 그는 바수들에 대한 통치권과 지배권을 얻는다.

sa yāvad ādityaḥ purastād udetā paścād astam etā vasūnām eva tāvad ādhipatyaṃ svārājyaṃ paryetā ‖

일곱 번째 칸다 : 『야주르 베다』와 루드라

1. 루드라들은 인드라의 입을 가지고 두 번째 불사의 음료에[047] 의지하여 산다. 그러나 그 신들은 먹지도 않고 마시지도 않는다. 그 [신]들은 그 불사의 음료를 보기만 하면 충족된다.

atha yad dvitīyam amṛtaṃ tad rudrā upajīvantīndreṇa mukhena ǀ na vai devā aśnanti na pibanti ǀ etad evāmṛtaṃ dṛṣṭvā tṛpyanti ‖ ‖

2. 그 [신]들은 그 [두 번째 불사의 음료] 형태 속으로 들어가기도 하고 거기서 나오기도 한다.

ta etad eva rūpam abhisaṃviśanti ǀ etasmād rūpād udyanti ‖

3. 그 불사의 음료를 그렇게 아는 자, 그는 루드라들 가운데 하나가 되어, 인드라의 입을 가지고 그 불사의 음료를 보는 것만으로 만족한다. 그는 그 [두 번째 불사의 음료] 형태 속으로 들어가기도 하고, 거기서 나오기도 한다.

sa ya etad evam amṛtaṃ veda rudrāṇām evaiko bhūtvendreṇaiva mukhenaitad evāmṛtaṃ dṛṣṭvā tṛpyati ǀ sa etad eva rūpam abhisaṃviśati ǀ etasmād rūpād udeti ‖

4. 태양이 동쪽에서 뜨고 서쪽으로 지는 한, 하루에 두 번 남쪽에서 뜨고 북쪽으로 지는 한, 그는 루드라들에 대한 지배권과 통치권을 얻는다.
sa yāvad ādityaḥ purastād udetā paścād astam etā dvis tāvad dakṣiṇata udetottarato 'stam etā rudrāṇām eva tāvad ādhipatyaṃ svārājyaṃ paryetā ॥

여덟 번째 칸다 :『사마 베다』와 아디탸

1. 아디탸들은 바루나의 입을 가지고 세 번째 불사의 음료에[048] 의존하여 산다. [그러나] 그 신들은 먹지도 않고 마시지도 않는다. 그 [신]들은 그 불사의 음료를 보기만 하면 충족된다.
atha yat tṛtīyam amṛtaṃ tad ādityā upajīvanti varuṇena mukhena । na vai devā aśnanti na pibanti । etad evāmṛtaṃ dṛṣṭvā tṛpyanti ॥

2. 그 [신]들은 그 [세 번째 불사의 음료] 형태 속으로 들어가기도 하고 거기서 나오기도 한다.
ta etad eva rūpam abhisaṃviśanti । etasmād rūpād udyanti ॥

3. 그 불사의 음료를 그렇게 아는 자, 그는 아디탸들 가운데 하나가 되어, 바루나의 입을 가지고 그 불사의 음료를 보는 것만으로 만족한다. 그는 그 [세 번째 불사의 음료] 형태 속으로 들어가기도 하고 거기서 나오기도 한다.
sa ya etad evam amṛtaṃ vedādityānām evaiko bhūtvā varuṇenaiva mukhenaitad evāmṛtaṃ dṛṣṭvā tṛpyati । sa etad eva rūpam abhisaṃviśati । etasmād rūpād udeti ॥

4. 태양이 남쪽에서 떠서 북쪽으로 지는 한, 하루에 두 번 서쪽에서 떠서 동쪽으로 지는 한, 그는 아디탸들에 대한 통치권과 지배권을 얻는다.
sa yāvad ādityo dakṣiṇata udetottarato 'stam etā dvis tāvat paścād udetā purastād astam etādityānām eva tāvad ādhipatyaṃ svārājyaṃ paryetā॥

아홉 번째 칸다 :『아타르바 베다』와 마루트

1. 마루트들은 소마의 입을 가지고 네 번째 불사의 음료에[049] 의존하여 산다. [그러나] 그 신들은 먹지도 않고 마시지도 않는다. 그 [신]들은 그 불사의 음료를 보기만 하면 충족된다.
atha yac caturtham amṛtaṃ tan maruta upajīvanti somena mukhena। na vai devā aśnanti na pibanti। etad evāmṛtaṃ dṛṣṭvā tṛpyanti॥

2. 그 신들은 그 [네 번째 불사의 음료] 형태 속으로 들어가기도 하고 거기서 나오기도 한다.
ta etad eva rūpam abhisaṃviśanti। etasmād rūpād udyanti॥

3. 그 불사의 음료를 그렇게 아는 자, 그는 마루트들 가운데 하나가 되어, 소마의 입을 가지고 그 불사의 음료를 보는 것만으로 만족한다. 그는 그 [네 번째 불사의 음료] 형태 속으로 들어가기도 하고 거기서 나오기도 한다.
sa ya etad evam amṛtaṃ veda marutām evaiko bhūtvā somena-iva mukhenaitad evāmṛtaṃ dṛṣṭvā tṛpyati। sa etad eva rūpam

abhisaṃviśati । etasmād rūpād udeti ॥

4. 태양이 서쪽에서 떠서 동쪽으로 지는 한, 하루에 두 번 북쪽에서 떠서 남쪽으로 지는 한, 그는 마루트들에 대한 통치권과 지배권을 얻는다.
sa yāvad ādityaḥ paścād udetā purastād astam etā dvis tāvad uttarata udetā dakṣiṇato 'stam etā marutām eva tāvad ādhipatyaṃ svārājyaṃ paryetā ॥

열 번째 칸다 : 『우파니샤드』와 사디야

1. 사디야들은 브라만의 입을 가지고 다섯 번째 불사의 음료에[050] 의존하여 산다. [그러나] 그 신들은 먹지도 않고 마시지도 않는다. 그들은 그 불사의 음료를 보기만 하면 충족된다.
atha yat pañcamam amṛtaṃ tat sādhyā upajīvanti brahmaṇā mukhena । na vai devā aśnanti na pibanti । etad evāmṛtaṃ dṛṣṭvā tṛpyanti ॥

2. 그 [신]들은 그 [중앙에 있는 흔들리는 것처럼 보이는 다섯 번째 불사의 음료] 형태 속으로 들어가기도 하고 거기서 나오기도 한다.
ta etad eva rūpam abhisaṃviśanti । etasmād rūpād udyanti ॥

3. 그 불사의 음료를 그렇게 아는 자, 그는 사디야들 중 하나가 되어, 브라만의 입을 가지고 불사의 음료를 보는 것만으로도 만족한다. 그는 그 [다섯 번째 불사의 음료] 형태 속으로 들어가기도 하고 거기서 나오기도 한다.

sa ya etad evam amṛtaṃ veda sādhyānām evaiko bhūtvā brahmaṇaiva mukhenaitad evāmṛtaṃ dṛṣṭvā tṛpyati । sa etad eva rūpam abhisaṃviśati । etasmād rūpād udeti ॥

4. 태양이 북쪽에서 떠서 남쪽으로 지는 한, 하루에 두 번 하늘 꼭대기에서 떠서 아래로 지는 한, 그는 사디야들에 대한 통치권과 지배권을 얻는다.
sa yāvad āditya uttarata udetā dakṣiṇato 'stam etā dvis tāvad ūrdhvam udetārvāg astam etā sādhyānām eva tāvad ādhipatyaṃ svārājyaṃ paryetā ॥

열한 번째 칸다 : 『우파니샤드』와 브라만

1. 그런데 그 [태양]이 하늘 꼭대기에 뜨면, 더 이상 뜨거나 지지 않고 홀로 중앙에 머문다. 여기 이런 게송이 있다.
atha tata ūrdhva udetya naivodetā nāstam etaikala eva madhye sthātā । tad eṣa ślokaḥ ॥

2. 거기서 태양은 지지도 않고 뜨지도 않는다.
신들이여, 이런 진리에 의해서 내가 브라만으로부터 분리되지 않도록 하라.
na vai tatra na nimloca । nodiyāya kadācana ।
devās tenāhaṃ satyena । mā virādhiṣi brahmaṇeti ॥

3. 브라만에 대한 신비한 지식인 『우파니샤드』를 이렇게 아는 사람, 태양

은 그를 위해 뜨지도 않고 지지도 않으며 언제나 한낮이 된다.

na ha vā asmā udeti na nimlocati । sakṛd divā haivāsmai bhavati । ya etām evaṃ brahmopaniṣadaṃ veda ॥

4. 브라만은 이것을 프라자파티에게 말했다. 프라자파티는 마누에게 [말했다]. 마누는 그의 자식들에게 [말했다]. [그리고 웃다라카의] 아버지는 [그의] 장남인 웃다라카 아루니에게 이 브라만[의 가르침]을 가르쳤다.

tad dhaitad brahmā prajāpataya uvāca । prajāpatir manave । manuḥ prajābhyaḥ । tad dhaitad uddālakāyāruṇaye jyeṣṭhāya putrāya pitā brahma provāca ॥

5. 이처럼 아버지는 브라만[에 대한 가르침]을 그의 장남이나 훌륭한 학생에게만 전한다.

idaṃ vāva taj jyeṣṭhāya putrāya pitā brahma prabrūyāt praṇāyyāya vāntevāsine ॥

6. [그는 그 이외의] 다른 사람에게는 아무에게도 [가르쳐 주지 않는다]. 만약 [누가] 그에게 음식으로 둘러싸여 있고, 보물로 가득 채워진 이 [세계]를 주더라도 [그는 이렇게 말할 것이다]. '이 [브라만의 가르침]은 그보다 위대하다. 이 [가르침]은 그보다 위대하다.'

nānyasmai kasmaicana । yady apy asmā imām adbhiḥ parigṛhītāṃ dhanasya pūrṇāṃ dadyād etad eva tato bhūya iti etad eva tato bhūya iti ॥

열두 번째 칸다 : 가야트리와 사람

1. 가야트리는 이 모든 것이다. 가야트리는 말이다. 말은 이 모든 것을 노래하며 보호한다.

gāyatrī vā idaṃ sarvaṃ bhūtaṃ yad idam kiñca । vāg vai gāyatrī । vāg vā idaṃ sarvaṃ bhūtaṃ gāyati ca trāyate ca ॥

2. 가야트리는 이 대지와 같다. 이 모든 것은 이 [대지] 위에 확립되어 있기 때문이다. 그 [모든] 것은 이 [대지]를 넘어서지 않는다.

yā vai sā gāyatrīyaṃ vāva sā yeyaṃ pṛthivī । asyāṃ hīdaṃ sarvaṃ bhūtaṃ pratiṣṭhitam । etām eva nātiśīyate ॥

3. 대지는 사람의 몸과 같다. 생명의 숨들은 이 [몸] 위에 확립되어 있기 때문이다. 그 [숨]들은 이 [몸]을 넘어서지 않는다.

yā vai sā pṛthivīyaṃ vāva sāyad idam asmin puruṣe śarīram । asmin hīme prāṇāḥ pratiṣṭhitāḥ । etad eva nātiśīyante ॥

4. 사람의 몸은 사람 속에 있는 심장과 같다. 생명의 숨들은 이 [심장] 위에 확립되어 있기 때문이다. [생명의 숨]들은 이 [심장]을 넘어서지 않는다.

yad vai tat puruṣe śarīram idaṃ vāva tad yad idam asminn antaḥ puruṣe hṛdayam । asmin hīme prāṇāḥ pratiṣṭhitāḥ । etad eva nātiśīyante ॥

5 가야트리는 네 개의 부분과 여섯 가지 종류로 되어 있다. 그에 대하여

리그의 한 게송은 이렇게 말한다.

saiṣā catuṣpadā ṣaḍvidhā gāyatrī । tad etad ṛcābhyanūktam ॥

6. 그 [가야트리]의 위대함은 그와 같다. 그러나 푸루샤는 그 [가야트리]보다 더 위대하다.
그 모든 것은 그 [푸루샤]의 부분이다. 그 가운데 셋은 죽지 않는 신성한 것이다.[051]
tāvān asya mahimā tato jyāyāṃś ca puruṣaḥ ।
pādo 'sya sarvā bhūtāni tripād asyāmṛtaṃ divīti ॥

7. 그 브라만이라고 부르는 것, 그것은 사람 밖에 있는 공간이다. 그 사람 밖에 있는 공간,
yad vai tad brahmetīdaṃ vāva tad yo 'yaṃ bahirdhā puruṣād ākāśaḥ । yo vai sa bahirdhā puruṣād ākāśaḥ ॥

8. 그것은 사람 안에 있는 공간이다. 그 사람 안에 있는 공간,
ayaṃ vāva sa yo 'yam antaḥ puruṣa ākāśaḥ । yo vai so 'ntaḥ puruṣa ākāśaḥ ॥

9. 그것은 심장 속에 있는 공간이다. 그 [공간]은 가득찬 것이며, 움직이지 않는 것이다.[052] 그것을 아는 자는 가득차고 움직이지 않는 번영을 얻게 된다.
ayaṃ vāva sa yo 'yam antarhṛdaya ākāśaḥ । tad etat pūrṇam apravarti । pūrṇam apravartinīṃ śriyaṃ labhate ya evaṃ veda ॥

열세 번째 칸다 : 심장의 다섯 구멍과 내면의 빛

1. 심장에는 다섯 개의 신성한 구멍이 있다. 그 [심장]의 동쪽 구멍, 그것은 프라나 숨이며, 그것은 눈이며, 그것은 태양이다. [사람은] 그것을 빛과 음식이라고 숭배해야 한다. [그것을] 그렇게 아는 자는 빛나는 자가 되며, 음식을 먹는 자가 된다.

   tasya ha vā etasya hṛdayasya pañca devasuṣayaḥ । sa yo 'sya prāṅ suṣiḥ sa prāṇaḥ । tac cakṣuḥ । sa ādityaḥ । tad etat tejo 'nnādyam ity upāsīta । tejasvy annādo bhavati ya evaṃ veda ॥

2. 그 [심장]의 남쪽 구멍, 그것은 비야나 숨이며, 그것은 귀이며, 그것은 달이다. [사람은] 그것을 빛과 아름다움이라고 숭배해야 한다. 이것을 아는 자는 빛나는 자가 되고 아름다운 자가 된다.

   atha yo 'sya dakṣiṇaḥ suṣiḥ sa vyānaḥ । tac chrotram । sa candramāḥ । tad etac chrīś ca yaśaś cety upāsīta । śrīmān yaśasvī bhavati ya evaṃ veda ॥

3. 그 [심장]의 서쪽 구멍, 그것은 아파나 숨이며, 그것은 말이며, 그것은 불이다. [사람은] 그것을 신성한 지식에 탁월한 것, 그리고 음식이라고 숭배해야 한다. 이것을 아는 자는 신성한 지식에 탁월한 자가 되며, 음식을 먹는 자가 된다.

   atha yo 'sya pratyaṅ suṣiḥ so 'pānaḥ । sāvāk । so 'gniḥ । tad etad brahmavarcasam annādyam ity upāsīta । brahmavarcasy annādo bhavati ya evaṃ veda ॥

4. 그 [심장]의 북쪽 구멍, 그것은 사마나 숨이며, 그것은 마음이며, 그것은 파르자냐이다. [사람은] 그것을 명성과 아름다움이라고 숭배해야 한다. 이것을 아는 자는 명성을 가진 자가 되고, 아름다움을 가진 자가 된다.

atha yo 'syodaṅ suṣiḥ sa samānaḥ । tan manaḥ । sa parjanyaḥ । tad etat kīrtiś ca vyuṣṭiś cety upāsīta । kīrtimān vyuṣṭimān bhavati ya evaṃ veda ॥

5. 그 [심장]의 위쪽 구멍, 그것은 우다나 숨이며, 그것은 바람이며, 그것은 허공이다. [사람은] 그것을 원기와 위대함이라고 숭배해야 한다. 그것을 아는 자는 원기를 가진 자가 되고, 위대한 자가 된다.

atha yo 'syordhvaḥ suṣiḥ sa udānaḥ । sa vāyuḥ । sa ākāśaḥ । tad etad ojaś ca mahaś cety upāsīta । ojasvī mahasvān bhavati ya evaṃ veda ॥

6. 그 [다섯 구멍]은 브라만의 다섯 신하들이고, [그들은] 하늘 세계의 다섯 문지기이다. 그 [다섯 구멍]을 브라만의 다섯 신하들이라고 [알고], 하늘 세계의 다섯 문지기라고 아는 자의 집안에는 영웅이 태어난다. 그리고 그 [다섯 구멍]을 브라만의 다섯 신하들이라고 [알고], 하늘 세계의 다섯 문지기라고 아는 사람은 하늘 세계를 얻는다.

te vā ete pañca brahmapuruṣāḥ svargasya lokasya dvārapāḥ । sa ya etān evaṃ pañca brahmapuruṣān svargasya lokasyạ dvārapān vedāsya kule vīro jāyate । pratipadyate svargaṃ lokaṃ ya etān evaṃ pañca brahmapuruṣān svargasya lokasya dvārapān veda ॥

7. 그런데 그 모든 것들의 뒤에서, 그 모든 곳들의 뒤에서, 그보다 더 높

은 것이 없는 최고의 세계에서, 이 하늘의 빛보다 더 빛나고 있는 것, 그것이 여기 이 사람의 내면에 있는 빛이다.

atha yad ataḥ paro divo jyotir dīpyate viśvataḥ pṛṣṭheṣu sarvataḥ pṛṣṭheṣv anuttameṣūttameṣu lokeṣv idaṃ vāva tad yad idam asminn antaḥ puruṣe jyotiḥ ।

8. [사람이] 몸 속에서 접촉에 의한 열기를 인식할 때, 그것은 그 [내면에 있는 빛]이 보는 것이다. [사람이] 타오르는 불에서 나는 잡음처럼 막은 귀 속에서 소리를 들으면, 그것은 그 [내면에 있는 빛]이 듣는 것이다. 그 [열기와 소리]는 [그와 같이] 보여진 것이라고, 들려진 것이라고 숭배해야 한다. 그것을 그렇게 아는 자는 보기 좋은 자가 되며, 유명한 자가 된다.

tasyaiṣā dṛṣṭir yatraitad asmiñ śarīre saṃsparśenoṣṇimānaṃ vijānāti । tasyaiṣā śrutir yatraitat karṇāv apigṛhya ninadam iva nadathur ivāgner iva jvalata upaśṛnoti । tad etad dṛṣṭaṃ ca śrutaṃ cety upāsīta । cakṣuṣyaḥ śruto bhavati ya evaṃ veda ya evaṃ veda ॥

열네 번째 칸다 : 아트만과 브라만의 동일성[053]

1. 이 모든 것은 브라만, 즉 탓잘란(tajjalān)이라고 조용히 숭배해야 한다.[054] 그런데 사람은 의욕으로 구성되어 있다. 사람은 이 세계에서 의욕한 대로 되고, 죽은 후에도 그렇게 된다. [사람]은 의욕에 따라 행위한다.

sarvaṃ khalv idaṃ brahma tajjalān iti śānta upāsīta । atha khalu kratumayaḥ puruṣo yathā kratur asmiṃl loke puruṣo bhavati tathetaḥ pretya bhavati । sa kratuṃ kurvīta ॥

2. [심장 속에 있는 나의 아트만은] 마음으로 만들어져 있다. 그의 육신은 숨이고, 그의 모습은 빛이고, 그의 의지는 진실이고, 그의 본성은 공간이다. 모든 행위, 모든 욕망, 모든 냄새, 모든 맛, 그리고 이 세상의 모든 것을 가지고 있는 그 [아트만]은 말이 없고, 무관심하다.

manomayaḥ prāṇaśarīro bhārūpaḥ satyasaṃkalpa ākāśātmā sarvakarmā sarvakāmaḥ sarvagandhaḥ sarvarasaḥ sarvam idam abhyātto 'vāky anādaraḥ ॥

3. 심장 속에 있는 나의 아트만은 쌀알보다 작고, 보리알보다 작고, 겨자씨보다 작고, 수수알보다 작고, 수수알의 씨보다 작다. [그러나] 심장 속에 있는 나의 아트만은 대지보다 크며, 창공보다 크며, 하늘보다 크며, 이 세계들보다 크다.

eṣa ma ātmā antarhṛdaye 'ṇīyān vrīher vāyavād vā sarṣapād vā śyāmākād vā śyāmākataṇḍulād vā । eṣa ma ātmā antarhṛdaye jyāyān pṛthivyā jyāyān antarikṣāj jyāyān divo jyāyān ebhyo lokebhyaḥ ॥

4. 모든 행위, 모든 욕망, 모든 냄새, 모든 맛 등, 이 세상의 모든 것을 가지고 있고, 말이 없고, 무관심한 것, 그것이 바로 심장 속에 있는 나의 아트만이다. [그리고] 그것이 바로 브라만이다. 죽은 후에 나는 그 속으로 들어갈 것이다. 이렇게 믿는 사람은 의심이 없을 것이다. 샨디리야는 그렇게 말했다. 샨디리야는 [그렇게 말했다].

sarvakarmā sarvakāmaḥ sarvagandhaḥ sarvarasaḥ sarvam idam

abhyatto 'vāky anādaraḥ । eṣa ma ātmā antarhṛdaye । etad brahma । etam itaḥ pretyābhisaṃbhavitā asmīti yasya syād addhā na vicikitsā asti । iti ha smāha śāṇḍilyaḥ śāṇḍilyaḥ ॥

열다섯 번째 칸다 : 불멸의 상자와 우주

1. 그 안은 창공이고, 바닥은 대지인 그 상자는 손상되지 않는다.
그 [상자]의 모서리는 하늘의 방위들이고, 그 [상자]의 위쪽 구멍은 하늘이다.
그 상자는 부(富)의 산출자이고, 모든 것은 그 [상자] 속에 포함되어 있다.
antarikṣodaraḥ kośo bhūmi budhno na jīryati ।
diśo hy asya sraktayo dyaur asyottarambilam ।
sa eṣa kośo vasudhānas tasmin viśvam idaṃ śritam ॥

2. 그 [상자]의 동쪽 방위는 주후(juhū, 국자, 혹은 혀)라고 부른다. 그 [상자]의 남쪽 방위는 사하마나(sahamānā, 征服)이라고 부른다. 그 [상자]의 서쪽 방위는 라즈니(rājñī, 왕비)라고 부른다. 그 [상자]의 북쪽 방위는 수부타(subhūtā, 번영)이라고 부른다.
바람은 그 [방위]들의 아들이다. 바람이 그 [방위]들의 아들이라고 아는 사람은 아들 때문에 울지 않는다. [그런데] 나는 그 바람이 방위들의 아들이라고 안다. [그러므로] 나는 아들 때문에 슬퍼하지 않을 것이다.
tasya prācī dig juhūr nāma । sahamānā nāma dakṣiṇā । rājñī nāma pratīcī । subhūtā nāmodīcī । tāsāṃ vāyur vatsaḥ । sa ya etam

evaṃ vāyuṃ diśāṃ vatsaṃ veda na putrarodaṃ roditi । so 'ham etam evaṃ vāyuṃ diśāṃ vatsaṃ veda । mā putrarodaṃ rudam ॥

3. 그와 함께, 그와 함께, 그와 함께, 나는 불멸하는 상자로 들어간다.
그와 함께, 그와 함께, 그와 함께, 나는 숨[055]으로 들어가고,
그와 함께, 그와 함께, 그와 함께, 나는 대지로 들어간다.
그와 함께, 그와 함께, 그와 함께, 나는 창공으로 들어가고,
그와 함께, 그와 함께, 그와 함께, 나는 하늘로 들어간다.[056]
ariṣṭaṃ kośaṃ prapadye 'munāmunāmunā ।
prāṇaṃ prapadye 'munāmunāmunā bhūḥ prapadye 'munāmunāmunā ।
bhuvaḥ prapadye 'munāmunāmunā svaḥ prapadye 'munāmunāmunā ॥

4. '나는 숨으로 들어간다.'라고 말할 때, 그 숨은 여기 있는 모든 것이다. [그러므로] 그 [말]은 '[나는 모든 것] 속으로 들어간다.'는 [의미]이다.
sa yad avocaṃ prāṇaṃ prapadya iti । prāno vā idaṃ sarvaṃ bhūtaṃ yad idaṃ kiṃ ca । tam eva tat prāpatsi ॥

5. '나는 대지 속으로 들어간다.'라고 말할 때, 그 [말]은 '나는 대지 속으로 들어간다. 나는 창공 속으로 들어간다. 나는 하늘 속으로 들어간다.'라고 말한 것이다.
atha yad avocaṃ bhūḥ prapadya ity pṛthivīm prapadye 'ntarikṣam prapadye divam prapadya ity eva tad avocaṃ ॥

6. '나는 창공 속으로 들어간다.'라고 말할 때, 그 [말]은 '나는 불 속으로

들어간다, 나는 바람 속으로 들어간다, 나는 태양 속으로 들어간다.'라고 말한 것이다.

atha yad avocaṃ bhuvaḥ prapadya ity agniṃ prapadye vāyuṃ prapadya ādityaṃ prapadya ity eva tad avocam ॥

7. '나는 하늘 속으로 들어간다.'라고 말할 때, 그 [말]은 '나는 『리그 베다』 속으로 들어간다. 나는 『야주르 베다』 속으로 들어간다. 나는 『사마 베다』 속으로 들어간다.'라고 말한 것이다.

atha yad avocaṃ svaḥ prapadya ity ṛgvedaṃ prapadye yajurvedaṃ prapadye sāmavedaṃ prapadya ity eva tad avocam ॥

열여섯 번째 칸다 : 사람의 삶과 소마 제사 1

1. 사람[의 삶]은 제사이다. [사람]의 [첫번째] 24년은 아침의 소마 제사이다. 가야트리 운율은 24음절이고, 아침의 소마 제사는 가야트리 운율과 관련되어 있기 때문이다. [아침의 소마 제사]는 바수들과 관련되어 있고, 바수들은 생명의 숨들이다. [바수]들은 여기 있는 모든 것을 살도록 한다.

puruṣo vāva yajñaḥ । tasya yāni caturviṃśati varṣāṇi tat prātaḥ savanam । caturviṃśaty akṣarā gāyatrī । gāyatraṃ prātaḥ savanam । tad asya vasavo 'nvāyattāḥ । prāṇā vāva vasavaḥ । ete hīdaṃ sarvaṃ vāsayanti ॥

2. 이 시기에 병이 들면 그 [사람]은 [이렇게] 말해야 한다. '생명의 숨들이여, 바수들이여, 나의 아침 소마 제사가 정오의 소마 제사로 이어지도

록 하라. 내 생명의 숨들인 바수들에 대한 제사가 중간에 끊어지지 않도록 하라.'[그렇게 하면] 그는 [병]에서 일어난다. 그는 병에서 자유롭게 된다.

taṃ ced etasmin vayasi kiṃcid upatapet sa brūyāt ǀ prāṇā vasava idaṃ me prātaḥ savanaṃ mādhyaṃdinaṃ savanam anusaṃtanuteti māhaṃ prāṇānāṃ vasūnāṃ madhye yajño vilopsīyeti ǀ ud dhaiva tata ety agado ha bhavati ǁ

3. [사람의 다음] 44년은 정오의 소마 제사이다. 트리슈투프 운율은 44음절이며, 정오의 소마 제사는 트리슈투프 운율과 관련되어 있기 때문이다. 그 [정오의 소마 제사]는 루드라들과 관련되어 있다. 생명의 숨들은 루드라들이다. 그 [루드라]들은 여기 있는 모든 것을 울게 한다.[057]

atha yāni catuścatvāriṃśad varṣāṇi tan mādhyaṃdinaṃ savanam ǀ catuścatvāriṃśad akṣarā triṣṭup ǀ traiṣṭubhaṃ mādhyaṃdinaṃ savanam ǀ tad asya rudrā anvāyattāḥ ǀ prāṇā vāva rudrāḥ ǀ ete hīdaṃ sarvaṃ rodayanti ǁ

4. 이 시기에 병이 들면 그 [사람]은 [이렇게] 말해야 한다. '생명의 숨들이여, 루드라들이여, 나의 정오 소마 제사가 세 번째 소마 제사로 이어지도록 하라. 내 생명의 숨들인 루드라들에 대한 제사가 중간에 끊어지지 않도록 하라.' [그렇게 하면] 그는 [병]에서 일어난다. 그는 병에서 자유롭게 된다.

taṃ ced etasmin vayasi kiṃcid upatapet sa brūyāt ǀ prāṇā rudrā idaṃ me mādhyaṃdinaṃ savanaṃ tṛtīyasavanam anusaṃtanuteti māhaṃ prāṇānāṃ rudrāṇāṃ madhye yajño vilopsīyeti ǀ udd haiva tata ety agado ha bhavati ǁ

5. [사람의 다음] 48년은 세 번째 소마 제사이다. 자가티 운율은 48음절이며, 세 번째 소마 제사는 자가티 운율과 관련되어 있기 때문이다. 그 [세번째 소마 제사]는 아디탸들과 관련되어 있다. 생명의 숨들은 아디탸들이다. 그 [아디탸]들은 여기 있는 모든 것을 가져간다.

atha yāny aṣṭācatvāriṃśad varṣāṇi tat tṛtīyasavanam । aṣṭācatvāriṃśad akṣarā jagatī । jāgataṃ tṛtīyasavanam । tad asyādityā anvāyattāḥ । prāṇā vāvādityāḥ । ete hīdaṃ sarvam ādadate ॥

6. 이 시기에 병이 들면 그 [사람]은 [이렇게] 말해야 한다. '생명의 숨들이여, 아디탸들이여, 나의 이 세 번째 소마 제사가 온전한 수명으로 이어지도록 하라. 내 생명의 숨들인 아디탸들에 대한 제사가 중간에 끊어지지 않도록 하라.' [그렇게 하면] 그는 [병]에서 일어난다. 그는 병에서 자유롭게 된다.

taṃ ced etasmin vayasi kiṃcid upatapet sa brūyāt । prāṇā ādityā idaṃ me tṛtīyasavanam āyur anusaṃtanuteti māhaṃ prāṇānām ādityānāṃ madhye yajño vilopsīyeti । ud dhaiva tata ety agado haiva bhavati ॥

7. 마히다사 아이타레야는 그것을 알고서 이렇게 말했다. '무엇이 나를 아프게 하겠는가? 나는 [병]으로 죽지 않는다.' [그리하여] 그는 160년을 살았다. 이것을 아는 자는 160년을 산다.[058]

etad dha sma vai tad vidvān āha mahidāsa aitareyaḥ । sa kiṃ ma etad upatapasi yo 'ham anena na preṣyām iti । sa ha ṣoḍaśaṃ varṣaśatam ajīvat । pra ha ṣoḍaśaṃ varṣaśataṃ jīvati ya evaṃ veda ॥

열일곱 번째 칸다 : 사람의 삶과 소마 제사 2

1. 사람이 배고프고 목말라하면서 즐기지 않을 때, 그것은 [소마 제사]의 준비 의식(dīkṣā)이다.
   sa yad aśiśiṣati yat pipāsati yan na ramate tā asya dīkṣāḥ ॥

2. 사람이 먹고 마시고 즐길 때, 그것은 [그의] 우파사다 제사이다.[059]
   atha yad aśnāti yat pibati yad ramate tad upasadair eti ॥

3. 사람이 웃고 먹으며 [여성과] 결합할 때, 그것은 [소마 제사]의 찬가와 찬양이다.
   atha yadd hasati yaj jakṣati yan maithunaṃ carati stutaśastrair eva tad eti ॥

4. 고행, 보시, 정직, 비폭력, 정직, 불살생, 진리의 말씀, 이런 것들은 [소마 제사]의 선물이다.
   atha yat tapo dānam ārjavam ahiṃsā satyavacanam iti tā asya dakṣiṇāḥ ॥

5. 그러므로 [사람]들은 '그는 [소마를] 짜낼 것이다. 그는 [소마를] 짜냈다.'라고 말한다. 그 [소마를 짜내는 것]은 그의 재생이다. 제사가 끝난 뒤의 세척은 죽음이다.
   tasmād āhuḥ soṣyaty asoṣṭeti । punar utpādanam evāsya tat । maraṇam evāvabhṛthaḥ॥

6. 고라 앙기라사는 그것을 데바키의 아들인 크리슈나에게 말하고 나서 다시 "사람은 죽을 때 갈애와 집착에서 벗어나 '너는 파괴되지 않는다. 너는 흔들리지 않는다. 너는 생명의 숨으로 가득차 있다.'라는 세 가지 [생각]을 가져야 한다."라고 말했다. 여기 [다음과 같은] 두 개의 리그 [베다]의 찬가가 있다.

tad dhaitad ghora āṅgirasaḥ kṛṣṇāya devakīputrāyoktvovāca । apipāsa eva sa babhūva । so 'ntavelāyām etat trayaṃ pratipadyet-ākṣitam asy acyutam asi prāṇasaṃśitam asīti । tatraite dve ṛcau bhavataḥ ॥

7. 태고의 씨앗으로부터 생겨난 것.[060]

우리는 어둠을 넘어서 있는 최고의 빛을 보았다.
우리는 신들 중의 신인 최고의 수리야를 보았다.
우리는 최고의 빛에, 그 최고의 빛에 도달했다.[061]

ādit pratnasya retasaḥ ॥
ud vayaṃ tamasas pari । jyotiḥ paśyanta uttaram ।
svaḥ paśyanta uttaram devaṃ devatrā sūryam ।
aganma jyotir uttamam iti jyotir uttamam iti ॥

열여덟 번째 칸다 : 브라만에 대한 두가지 가르침

1. 사람은 마음을 브라만이라고 숭배해야 한다. 이것은 사람에 대한 언급이다. 이제 신성한 것에 대한 언급은 다음과 같다. [사람은] 허공을 브라만이라고 [숭배해야 한다]. 이것이 사람과 신성한 것에 대한 두 가지 가르침이다.

mano brahmety upāsīta । ity adhyātmam । athādhidaivatam । ākāśo brahma । ity ubhayam ādiṣṭaṃ bhavaty adhyātmaṃ cādhidaivataṃ ca ॥

2. 브라만은 네 개의 부분으로 구성되어 있다.[062] 말은 [브라만의] 한 부분이다. 숨은 [브라만의] 한 부분이다. 눈은 [브라만의] 한 부분이다. 귀는 [브라만의] 한 부분이다. 이것은 사람에 대한 언급이다.
이제 신성한 것에 대한 [언급은 다음과 같다]. 불은 [브라만의] 한 부분이다. 바람은 [브라만의] 한 부분이다. 태양은 [브라만의] 한 부분이다. 하늘의 방위는 [브라만의] 한 부분이다. 이것이 사람과 신성한 것에 대한 두 가지 가르침이다.
tad etac catuṣpād brahma । vāk pādaḥ prāṇaḥ pādaś cakṣuḥ pādaḥ śrotraṃ pādaḥ । ity adhyātmam । athādhidaivatam । agniḥ pādo vāyuḥ pāda ādityaḥ pādo diśaḥ pādaḥ । ity ubhayam evādiṣṭaṃ bhavaty adhyātmaṃ cādhidaivataṃ ca ॥

3. 말은 브라만의 네 부분 가운데 하나이다. [말]은 불의 빛에 의해서 빛나고 타오른다. 이것을 아는 자는 명성, 명예, 신성한 지식의 탁월함으로 빛나고 타오른다.
vāg eva brahmaṇaś caturthaḥ pādaḥ । so 'gninā jyotiṣā bhāti ca tapati ca । bhāti ca tapati ca kīrtyā yaśasā brahmavarcasena ya evaṃ veda ॥

4. 숨은 브라만의 네 부분 가운데 하나이다. [숨]은 바람의 빛에 의해서 빛나고 타오른다. 이것을 아는 자는 명성, 명예, 신성한 지식의 탁월함으로 빛나고 타오른다.

prāṇa eva brahmaṇaś caturthaḥ pādaḥ । sa vāyunā jyotiṣā bhāti ca tapati ca । bhāti ca tapati ca kīrtyā yaśasā brahmavarcasena ya evaṃ veda ॥

5. 눈은 브라만의 네 부분 가운데 하나이다. [눈]은 태양의 빛에 의해서 빛나고 타오른다. 이것을 아는 자는 명성, 명예, 신성한 지식의 탁월함으로 빛나고 타오른다.

cakṣur eva brahmaṇaś caturthaḥ pādaḥ । sa ādityena jyotiṣā bhāti ca tapati ca । bhāti ca tapati ca kīrtyā yaśasā brahmavarcasena ya evaṃ veda ॥

6. 귀는 브라만의 네 부분 가운데 하나이다. [귀]는 방위의 빛에 의해서 빛나고 타오른다. 이것을 아는 자는 명성, 명예, 신성한 지식의 탁월함으로 빛나고 타오른다.

śrotram eva brahmaṇaś caturthaḥ pādaḥ । sa digbhir jyotiṣā bhāti ca tapati ca । bhāti ca tapati ca kīrtyā yaśasā brahmavarcasena ya evaṃ veda ya evaṃ veda ॥

열아홉 번째 칸다 : 우주적 알과 세계의 발생

1. 태양이 브라만이라는 가르침, 그 [가르침]에 대한 설명은 다음과 같다. 태초에 비존재가 있었다. 그 [비존재라는] 존재가 있었다. 그 [존재]는 자라나서 알이 되었다. 그 [알]은 일 년 동안 놓여 있었다. 그것은 [둘로] 쪼개졌다. 그 껍질에서 은과 금이 나타났다.

ādityo brahmety ādeśaḥ । tasyopavyākhyānam । asad evedam agra āsīt । tat sad āsīt । tat samabhavat । tad āṇḍaṃ niravartata । tat saṃvatsarasya mātrām aśayata । tan nirabhidyata । te āṇḍakapāle rajataṃ ca suvarṇaṃ cābhavatām ॥

2. 그 은이었던 것은 대지이고, 금이었던 것은 하늘이다. [알 바깥의] 얇은 막이었던 것은 산맥들이고, [알 안쪽의] 얇은 막이었던 것은 구름과 안개이다. [알의] 여러 맥관(脈管)들은 강들이다. 방광같은 것 속의 액체는 바다이다.
tad yad rajataṃ seyaṃ pṛthivī । yat suvarṇaṃ sā dyauḥ । yaj jarāyu te parvatāḥ । yad ulbaṃ sa megho nīhāraḥ । yā dhamanayas tā nadyaḥ । yad vāsteyam udakaṃ sa samudraḥ ॥

3. [그 알]에서 저 태양이 태어났다. 그 [태양]이 태어나서 크게 소리치며 환호했을 때, 모든 사물들과 모든 욕망들이 생겨났다. 그러므로 그 [태양]이 떠오르고 지면서 크게 소리치며 환호할 때마다 모든 사물들과 모든 욕망들이 생겨나는 것이다.
atha yat tad ajāyata so 'sāv ādityaḥ । taṃ jāyamānaṃ ghoṣā ulūlavo 'nūdatiṣṭhant sarvāṇi ca bhūtāni sarve ca kāmāḥ । tasmāt tasyodayaṃ prati pratyāyanaṃ prati ghoṣā ulūlavo 'nūttiṣṭhanti sarvāṇi ca bhūtāni sarve ca kāmāḥ ॥

4. 이것을 알고 태양을 브라만으로 숭배하는 자, 상서로운 외침이 그에게 와서 그를 행복하게 하리라. 그를 행복하게 하리라.
sa ya etam evaṃ vidvān ādityaṃ brahmety upāste । abhyāśo ha yad enaṃ sādhavo ghoṣā ā ca gaccheyur upa ca nimreḍeran nimreḍeran ॥

네 번째 프라파타카

라이크바의 가르침과 사티야카마 및 우파코사라 이야기

네 번째 프라파타카 : 라이크바의 가르침과 사티야카마 및 우파코사라 이야기

첫 번째 칸다 : 자나슈루티와 라이크바 1

1. 신뢰받는 보시자이며, 큰 보시의 실천자이며, 많은 음식을 가진 자나슈루티의 손자가 있었다. 그는 '모든 사람들이 나의 음식을 먹도록 해야겠다.'라고 생각하면서 여러 곳에 휴게소를 지었다.

jānaśrutir ha pautrāyaṇaḥ śraddhādeyo bahudāyī bahupākya āsa । sa ha sarvata āvasathān māpayāṃ cakre sarvata eva me 'nnam atsyantīti ॥

2. 그런데 어느날 밤 백조들이 날아가면서 한 백조가 [다른] 백조에게 이렇게 말했다. '여보게, 눈 밝은 자여, 대낮처럼 펼쳐져 있는 자나슈루티의 손자의 불을 건드리지 말게. 그것이 자네를 태우지 않게 [말이야].'

atha ha haṃsā niśāyām atipetuḥ । taddhaivaṃ haṃso haṃsam abhyuvāda । ho ho 'yi bhallākṣa bhallākṣa jānaśruteḥ pautrāyaṇasya samaṃ divā jyotir ātataṃ tan mā prasāṅkṣīs tat tvāṃ mā pradhākṣīr iti ॥

3. 그러자 다른 [백조]가 그에게 말했다. "자네는 어째서 그 [자나슈루티]를 모으는 자 라이크바처럼 말하는가?" [그러자 한 백조가 다시 그에게 물었다.] "모으는 자 라이크바는 누구인가?"

tam u ha paraḥ pratyuvāca kam vara enam etat santaṃ sayugvā iva raikvam āttha iti । ko nu kathaṃ sayugvā raikva iti ॥

4. [그러자 다른 백조가 말했다.] '[주사위의] 낮은 [점수]가 높은 [점수]로 모여드는 것처럼, 사람들이 행한 좋은 일은 모두 그 [라이크바]에게 모여든다네. 그 [라이크바]가 아는 것, 그 [라이크바]가 아는 것, 나는 그것을 말했을 뿐이네.'

yathā kṛtāya vijitāyādhareyāḥ saṃyanty evam enaṃ sarvaṃ tad abhisameti yat kiṃca prajāḥ sādhu kurvanti । yas tad veda yat sa veda sa mayaitad ukta iti ॥

5. 그런데 [자나슈루타의] 손자인 자나슈루티가 그것을 들었다. 그는 [아침에] 일어나서 시종에게 말했다. "[나는 밤에 백조들이 이렇게 말하는 것을 들었다.] '자네는 어째서 그 [자나슈루티]를 모으는 자 라이크바처럼 말하는가?' [그러자 한 백조가 다시 그에게 물었다.] '모으는 자 라이크바는 누구인가?'"

tad u ha jānaśrutiḥ pautrāyaṇa upaśuśrāva । sa ha saṃjihāna eva kṣattāram uvācāṅgāre ha sayugvānam iva raikvam āttheti । yo nu kathaṃ sayugvā raikva iti ॥

6. [자나슈루타의 손자인 자나슈루티가 계속해서 시종에게 말했다.] "[그러자 다른 백조가 다시 이렇게 말했다.] '[주사위의] 낮은 [점수]가 높은 [점수]로 모여드는 것처럼, 사람들이 행한 좋은 일은 모두 그 [라이

크바]에게 모여드네. [라이크바]가 아는 것, [라이크바]가 아는 것, 나는 그것을 말했을 뿐이네."

yathā kṛtāya vijitāyādhareyāḥ saṃyanty evam enaṃ sarvaṃ tad abhisameti yat kiṃca prajāḥ sādhu kurvanti । yas tad veda yat sa veda sa mayaitad ukta iti ॥

7. 그러자 시종은 [그 말을 듣고 라이크바를] 찾아다닌 후에 돌아와서 말했다. "저는 [라이크바]를 찾지 못했습니다." 그러자 [자나슈루티]는 그 [시종]에게 말했다. "[사람들이] 바라문을 찾는 곳, 거기서 [라이크바]를 찾아 보아라."

sa ha kṣattānviṣya nāvidam iti pratyeyāya । taṃ hovāca yatrāre brāhmaṇasyānveṣaṇā tad enam arccheti ॥

8. [그러자] 그 [시종]은 마차 아래에서 피부를 긁고 있는 사람에게로 다가가서 그에게 정중하게 말했다. "당신이 모으는 자인 라이크바입니까?" [그러자] 그는 말했다. "그렇다. 내가 [라이크바]이다."

그러자 그 시종은 돌아와서 [주인에게] 말했다. "[라이크바]를 찾았습니다."

so 'dhastāc chakaṭasya pāmānaṃ kaṣamāṇam upopaviveśa । taṃ hābhyuvāda tvaṃ nu bhagavaḥ sayugvā raikva iti । ahaṃ hy arā iti ha pratijajñe । sa ha kṣattā avidam iti pratyeyāya ॥

두 번째 칸다 : 자나슈루티와 라이크바 2

1. 그러자 [자나슈루타의] 위대한 손자인 자나슈루티는 암소 육백 마리와

황금 목걸이와 암노새가 끄는 마차를 가지고 [라이크바]에게 갔다. 그는 [라이크바]에게 말했다.

tad u ha jānaśrutiḥ pautrāyaṇaḥ ṣaṭ śatāni gavāṃ niṣkam aśvatarīrathaṃ tad ādāya praticakrame । taṃ hābhyuvāda ॥

2. "라이크바여, 여기 육백 마리의 암소와 황금의 목걸이와 암노새가 끄는 마차가 있습니다. 존자여, 나에게 그대가 신성한 것이라고 숭배하는 것, 그 신성한 것을 가르쳐 주십시오."

raikvemāni ṣaṭ śatāni gavām ayaṃ niṣko 'yam aśvatarīrathaḥ। anu ma etāṃ bhagavo devatāṃ śādhi yāṃ devatām upāssa iti ॥

3. 그러나 [라이크바]는 [자나슈루티]에게 말했다. "슈드라여, 너의 소들과 [다른 것들을 다시] 가지고 가거라."

그러자 [자나슈루티의] 손자인 자나슈루티는 다시 천 마리의 암소와 황금목걸이와 암노새가 끄는 마차와 딸을 데리고 돌아왔다.

tam u ha paraḥ pratyuvācāhahāretvā śūdra tavaiva saha gobhir astv iti । tad u ha punar eva jānaśrutiḥ pautrāyaṇaḥ sahasraṃ gavāṃ niṣkam aśvatarīrathaṃ duhitaraṃ tad ādāya praticakrame ॥

4. 그리고 [자나슈루티는 라이크바]에게 말했다. "라이크바여, 여기 천 마리의 암소가 있고, 한 개의 황금 목걸이가 있고, 암노새가 끄는 마차가 있고, [당신의] 아내가 있고, 당신이 머물 마을이 있습니다. 자, 이제 나에게 가르쳐 주십시오."

taṃ hābhyuvāda । raikvedaṃ sahasraṃ gavām ayaṃ niṣko 'yam aśvatarīratha iyaṃ jāyāyaṃ grāmo yasminn āsse 'nv eva mā bhagavaḥ śādhīti ॥

5. 그러자 [라이크바]는 [딸]의 얼굴을 들여다 보고 말했다. "오, 슈드라여, 그것들을 나의 [처소로] 가지고 가라. 그대[의 딸]은 다만 그 얼굴만으로 [나를] 말하도록 하는구나."
그래서 마하브리샤 사람들은 자나슈르티와 라이크바가 함께 살았던 이 마을들을 라이크바파르나라고 부르는 것이다. [그러자 라이크바는 자나슈루티]에게 말했다.
tasyā ha mukham upodgṛhṇann uvācājahāremāḥ śūdrānenaiva mukhenālāpayiṣyathā iti । te haite raikvaparṇā nāma mahāvṛṣeṣu yatrāsmā uvāsa । tasmai hovāca ॥

세 번째 칸다 : 라이크바의 가르침

1. "실로 바람이 모으는 자이다. [그러므로] 불이 꺼지면 바람에게 가고, 해가 지면 바람에게 가고, 달이 지면 바람에게 가는 것이다."
vāyur vāva saṃvargaḥ । yadā vā agnir udvāyati vāyum evāpyeti । yadā sūryo 'stam eti vāyum evāpyeti । yadā candro 'stam eti vāyum evāpyeti ॥

2. [라이크바는 말했다.] "[그리고] 물도 마르면 바람에게 간다. 왜냐하면 바람은 그 모든 것을 모으기 때문이다. 이것이 신성한 것에 대한 [가르침]이다."
yadāpa ucchuṣyanti vāyum evāpiyanti । vāyur hy evaitān sarvān saṃvṛṅkte । ity adhidaivatam ॥

3. [라이크바는 말했다.] "이제 사람에 대한 [가르침]은 다음과 같다. 숨은

모으는 자이다. [그러므로] 그가 잠잘 때 말은 숨에게 가며, 눈도 숨에게 [가며], 귀도 숨에게 [가며], 마음도 숨에게 [간다]. 왜냐하면 숨은 모든 것을 모으는 자이기 때문이다."

athādhyātmam । prāṇo vāva samvargaḥ । sa yadā svapiti prāṇam eva vāg apy eti । prāṇaṃ cakṣuḥ । prāṇaṃ śrotram । prāṇaṃ manaḥ । prāṇo hy evaitān sarvān saṃvṛṅkta iti ॥

4. [라이크바는 말했다.] "실로 이것들이 두 개의 모으는 자이다. 신들 중에서는 바람이 [모으는 자]이고, 생명의 기능들 중에서는 숨이 [모으는 자]이다."

tau vāetau dvau samvargau । vāyur eva deveṣu prāṇaḥ prāṇeṣu ॥

5. [라이크바는 다시 말했다.] "언젠가 샤우나카 카페야와 아비프라타린 카크샤세니가 [음식을] 공양받고 있을 때 신성한 지식을 공부하는 젊은 학생이 [사람들에게 음식을] 구걸했다. 그러나 그들은 [음식을] 주지 않았다."

atha ha śaunakaṃ ca kāpeyam abhipratāriṇaṃ ca kākṣaseniṃ pariviṣyamāṇau brahmacārī bibhikṣe । tasmā u ha na dadatuḥ ॥

6. [라이크바는 말했다.] "그러자 그 [젊은 바라문]은 말했다. '한 신이 네 개의 강력한 [요소]들을 삼켰다. 세계의 보호자인 그는 누구인가? 카페야와 아비파타린이여, 사람들은 여러 가지 형태로 머무는 그 [보호자]를 알지 못한다. 실로 이 음식은 [그 보호자를 모르는 자]에게 주어진 것이 아니다.'"

sa hovāca । mahātmanaś caturo deva ekaḥ kaḥ sa jagāra bhuvanasya gopāḥ । taṃ kāpeya nābhipaśyanti martyā abhipratārin bahudhā vasantam । yasmai vā etad annaṃ tasmā etan na dattam iti ॥

7. [라이크바는 말했다.] "그러자 샤우나카 카페야가 그 [보호자]를 생각하면서 [젊은 바라문에게 이렇게] 말했다. '[그는] 신들의 아트만이고 중생들의 아버지이다. [그는] 황금빛 이빨을 가진 삼키는 자이고 현명한 자이다. [사람]들은 그의 힘이 위대하다고 말한다. 그는 먹혀지지 않는 것, 음식이 아닌 것을 먹는다. 신성한 지식을 공부하는 학생이여, 우리는 그 [보호자]를 이렇게 숭배한다.' [그렇게 말한 후 샤우나카 카페야는 사람들에게 이렇게 말했다.] '[여러분 이 젊은 바라문]에게 [음식을] 주시오.'"

tad u ha śaunakaḥ kāpeyaḥ pratimanvānaḥ pratyeyāya । ātmā devānāṃ janitā prajānāṃ hiraṅyadaṃṣṭro babhaso 'nasūriḥ । mahāntam asya mahimānam āhur anadyamāno yad anannam atti । iti vai vayam brahmacārin idam upāsmahe dattāsmai bhikṣām iti ॥

8. [라이크바는 말했다.] "그러자 그 [사람]들은 그 [젊은 바라문]에게 [음식을] 주었다." [라이크바는 계속해서 말했다.] "[앞의] 다섯과[063] [뒤의] 다섯을[064] 합하면 [최고의 숫자인] 열(10)이 얻어진다. 그러므로 [그렇게 해서] 얻어진 열(10)은 모든 곳에 있는 음식이다. 그것이 바로 음식을 먹는 자인 비라즈(virāj)이며,[065] 이 [세상의] 모든 것은 그 [비라즈]에 의해서 보여진다. 그것을 아는 자, 그것을 아는 자, 이 모든 것은 그에게 보여진 것이 되고, [그는] 음식을 먹는 자가 된다."

tasmai u ha daduḥ । te vā ete pañcānye pañcānye daśa santas tat kṛtam । tasmāt sarvāsu dikṣv annam eva daśa kṛtam । saiṣā virāḍ annādī । tayedaṃ sarvaṃ dṛṣṭam । sarvam asya idaṃ dṛṣṭaṃ bhavaty annādo bhavati ya evaṃ veda ya evaṃ veda ॥

네 번째 칸다 : 사티야카마 이야기

1. 어느 날 사티야카마 자바라가 그의 어머니 자바라에게 말했다. "어머니, 저는 신성한 지식을 공부하는 학생의 삶을 살고 싶습니다. 그런데 저는 어떤 혈통입니까?"
satyakāmo ha jābālo jabālāṃ mātaram āmantrayāṃ cakre । brahmacaryaṃ bhavati vivatsyāmi kiṃ gotro nv aham asmīti ॥

2. 그러자 [어머니]는 말했다. "아들아, 나는 네가 어떤 혈통인지 모른다. 젊었을 때 내가 하녀로 지내고 있을 때 너를 낳았다. 그래서 나는 네가 어떤 혈통인지 알지 못한다. 그러나 나는 이름이 자바라이고, 너는 사티야카마이다. 그러니 너는 사티야카마 자바라라고 부르면 좋을 것이다."
sā hainam uvāca । nāham etad veda tāta yad gotras tvam asi । bahv aham carantī paricāriṇī yauvane tvām alabhe । sāham etan na veda yad gotras tvam asi । jabālā tu nāmāham asmi । satyakāmo nāma tvam asi । sa satyakāma eva jābālo bruvīthā iti ॥

3. 그러자 [사티야카마]는 하리드루마타 가우타마에게 가서 말했다. "저는 존자의 [집]에서 신성한 지식을 공부하는 학생의 삶을 살고 싶습니다. 저는 존자의 [집으로] 가서 [제자가 되고] 싶습니다."
sa ha hāridrumataṃ gautamam etyovāca । brahmacaryaṃ

bhagavati vatsyāmi । upeyāṃ bhagavantam iti ॥

4. [그러자 하리드루마타]는 [사티야카마]에게 물었다. "얘야, 너는 어떤 가문이냐?" [그러자 사티야카마]가 말했다. "스승이여, 저는 내가 어떤 혈통인지 모릅니다. 저는 어머니에게 [그것을] 물어 보았습니다. 그러자 [어머니]는 저에게 이렇게 말했습니다. '[내가] 젊어서 하녀로 일할 때 너를 얻었다. [그래서] 나는 네가 어떤 혈통인지 알지 못한다. 그러나 나는 이름이 자바라이고, 너는 이름이 사티야카마이다. 그러니 너는 자신을 사티야카마 자바라라고 불러도 좋을 것이다.' 그러니 저는 사티야카마 자바라입니다."

taṃ hovāca kiṃ gotro nu somyāsīti । sa hovāca । nāham etad veda bho yad gotro 'ham asmi । apṛcchaṃ mātaram । sā mā pratyabravīd bahv aham carantī paricariṇī yauvane tvām alabhe । sāham etan na veda yad gotras tvam asi । jabālā tu nāmāham asmi । satyakāmo nāma tvam asīti । so 'haṃ satyakāmo jābālo 'smi bho iti ॥

5. 그러자 [하리드루마타는 사티야카마]에게 말했다. "[만약 네가] 바라문이 아니었다면 그것을 설명하지 못했을 것이다. 얘야, 장작을 가지고 오너라. 나는 너를 제자로 받아들이겠다. 너는 진리에서 벗어나지 않았다."

[하라드루마타는 사티야카마]를 제자로 받아들인 후, 마르고 약한 사백 마리의 소들을 데리고 와서 말했다. "얘야, 이 소들을 몰고 가거라." [사티야카마는 소]들을 몰고 가면서 말했다. "천 마리가 되지 않으면 돌아오지 않으리라." 그래서 [사티야카마]는 몇년을 [스승과] 떨어져서 살았다. 그런데 [소]들이 천 마리가 되었을 때,

taṃ hovāca । naitad abrahmaṇo vivaktum arhati । samidhaṃ somyāhara । upa tvā neṣye na satyād agāiti । tam upanīya kṛśānām abalānāṃ catuḥśatā gā nirākṛtya uvācemāḥ somyānusaṃvrajeti । tā abhiprasthāpayann uvāca । nāsahasreṇāvarteyeti । sa ha varṣagaṇaṃ provāsa । tā yadā sahasraṃ sampeduḥ ॥

다섯 번째 칸다 : 황소의 가르침 : 밝은 것

1. 황소가 [사티야카마]에게 말했다. "사티야카마야." [사티야카마]는 대답했다. "[예,] 존자여."
[황소가 말했다.] "얘야, 우리는 일천 마리가 되었구나. [이제] 우리들을 스승의 집으로 데려가거라."
atha hainam ṛṣabho 'bhyuvāda satyakāma3 iti । bhagava iti ha pratiśuśrāva । prāptāḥ somya sahasraṃ smaḥ । prāpaya na ācāryakulam ॥

2. [황소는 다시 말했다.] "그리고 내가 너에게 브라만의 한 발을 말해줄 테니 [들어보렴]." [사티야카마]가 말했다. "예. 존자여. 저에게 말씀해 주세요."
그러자 [황소는 사티야카마]에게 말했다. "[브라만의] 16분의 1은 동쪽이고, 16분의 1은 서쪽이고, 16분의 1은 남쪽이고, 16분의 1은 북쪽이다. 얘야, 이와 같은 16분의 4가 '밝은 것'이라고 부르는 브라만의 한 발이다."
brahmaṇaś ca te pādaṃ bravāṇi iti । bravītu me bhagavān iti । tasmai hovāca । prācī dik kalā । pratīcī dik kalā । dakṣiṇā dik

kalā । udīcī dik kalā । eṣa vai somya catuṣkalaḥ pādo brahmaṇaḥ prakāśavān nāma ॥

3. [황소는 말했다.] "그것을 알고서 그 16분의 4를 '밝은 것'이라고 부르는 브라만의 한 발이라고 숭배하는 자는 이 세계에서 밝은 자가 된다. 그것을 알고서 그 16분의 4를 '밝은 것'이라고 부르는 브라만의 한 발이라고 숭배하는 자는 밝은 세계를 얻는다."
sa ya etam evaṃ vidvāṃś catuṣkalaṃ pādaṃ brahmaṇaḥ prakāśavān ity upāste prakāśavān asmiṃl loke bhavati । prakāśavato ha lokāñ jayati ya etam evaṃ vidvāṃś catuṣkalaṃ pādaṃ brahmaṇaḥ prakāśavān ity upāste ॥

여섯 번째 칸다 : 불의 가르침 : 무한한 것

1. [황소는 말했다.] "불이 너에게 [다시 브라만의] 한 발을 말해 줄 것이다."
그러자 [사티야카마]는 다음날 아침에 소들을 몰고 출발하였다. 저녁이 되자 그는 불을 피우고, 소들을 우리에 넣고, 땔감을 준비하고, 불의 서쪽에서 [불의] 동쪽을 향하여 앉았다.
agniṣṭe pādaṃ vakteti । sa ha śvo bhūte gā abhiprasthāpayāṃ cakāra । tā yatrābhisāyaṃ babhūvus tatrāgnim upasamādhāya gā uparudhya samidham ādhāya paścād agneḥ prāṅ upopaviveśa ॥

2. [그러자] 불이 그에게 말했다. "사티야카마야."
[사티야카마가 말했다.] "존자여, 듣고 있습니다."

tam agnir abhyuvāda satyakāma3 iti । bhagava iti ha pratiśuśrāva ॥

3. [불이 말했다.] "얘야. 내가 너에게 브라만의 한 발에 대해서 말해 주마." [사티야카마가 말했다.] "존자여, 나에게 말씀해 주세요."
그러자 [불이 사티야카마]에게 말했다. "[브라만의] 16분의 1은 대지이고, 16분의 1은 창공이고, 16분의 1은 하늘이고, 16분의 1은 바다이다. 얘야, 이와 같은 16분의 4가 '무한한 것'이라고 부르는 브라만의 한 발이다."
brahmaṇaḥ somya te pādaṃ bravāṇīti । bravītu me bhagavān iti । tasmai ha uvāca । pṛthivī kalā । antarikṣaṃ kalā । dyauḥ kalā । samudraḥ kalā । eṣa vai somya catuṣkalaḥ pādo brahmaṇo 'nantavān nāma ॥

4. 불이 말했다. "그것을 알고서 그 16분의 4를 '무한한 것'이라고 부르는 브라만의 한 발이라고 숭배하는 자는 이 세계에서 무한한 자가 된다. 그것을 알고서 그 16분의 4를 '무한한 것'이라고 부르는 브라만의 한 발이라고 숭배하는 자는 무한한 세계를 얻는다."
sa ya etam evaṃ vidvāṃś catuṣkalaṃ pādaṃ brahmaṇo 'nantavān ity upāste 'nantavān asmiṃl loke bhavati । anantavato ha lokāñ jayati ya etam evaṃ vidvāṃś catuṣkalaṃ pādaṃ brahmaṇo 'nantavān ity upāste ॥

일곱 번째 칸다 : 백조의 가르침 : 빛나는 것

1. [불이 다시 말했다.] "백조가 너에게 [브라만의] 한 발을 말해 줄 것이다."
그러자 [사티야카마]는 다음날 아침에 소들을 몰고 출발하였다. 저녁이 되자 그는 불을 피우고, 소들을 우리에 넣고, 땔감을 준비하고, 불의 서쪽에서 [불의] 동쪽을 향하여 앉았다.
haṃsas te pādaṃ vakteti । sa ha śvo bhūte gā abhiprasthāpayāṃ cakāra । tā yatrābhisāyaṃ babhūvus tatrāgnim upasamādhāya gā uparudhya samīdham ādhāya paścād agneḥ prāṅ upopaviveśa ॥

2. 그때 한 마리의 백조가 그에게로 날아와서 말했다. "사티야카마야."
[사티야카마가 말했다.] "존자여, 듣고 있습니다."
taṃ haṃsa upanipatyābhyuvāda satyakāma3 iti । bhagava iti ha pratiśuśrāva ॥

3. [백조가 말했다.] "얘야. 내가 너에게 브라만의 한 발에 대해서 말해 주마." [사티야카마가 말했다.] "존자여, 저에게 말씀해 주세요."
그러자 [백조가 사티야카마]에게 말했다. "[브라만의] 16분의 1은 불이고, 16분의 1은 태양이고, 16분의 1은 달이고, 16분의 1은 번개이다. 얘야, 이와 같은 16분의 4가 '빛나는 것'이라고 부르는 브라만의 한 발이다."
brahmaṇaḥ somya te pādaṃ bravāṇīti । bravītu me bhagavān iti । tasmai hovāca । agniḥ kalā । sūryaḥ kalā । candraḥ kalā । vidyut kalā । eṣa vai somya catuṣkalaḥ pādo brahmaṇo jyotiṣmān nāma ॥

4. 백조가 말했다. "그것을 알고서 그 16분의 4를 '빛나는 것'이라고 부르는 브라만의 한 발이라고 숭배하는 자는 이 세계에서 빛나는 자가 된다. 그것을 알고서 그 16분의 4를 '빛나는 것'이라고 부르는 브라만의 한 발이라고 숭배하는 자는 빛나는 세계를 얻는다."
sa ya etam evaṃ vidvāṃś catuṣkalaṃ pādaṃ brahmaṇo jyotiṣmān ity upāste jyotiṣmān asmiṃl loke bhavati । jyotiṣmato ha lokāñ jayati ya etam evaṃ vidvāṃś catuṣkalaṃ pādaṃ brahmaṇo jyotiṣmān ity upāste ॥

여덟 번째 칸다 : 물새의 가르침 : 쉴 곳을 가진 것

1. [백조가 다시 말했다.] "물새가 너에게 [브라만의] 한 발을 말해 줄 것이다."
그러자 [사티야카마]는 다음날 아침에 소들을 몰고 출발하였다. 저녁이 되자 그는 불을 피우고, 소들을 우리에 넣고, 땔감을 준비하고, 불의 서쪽에서 [불의] 동쪽을 향하여 앉았다.
madguṣṭe pādaṃ vakteti । sa ha śvo bhūte gā abhiprasthāpayāṃ cakāra । tā yatrābhisāyaṃ babhūvus tatrāgnim upasamādhāya gā uparudhya samidham ādhāya paścād agneḥ prāṅ upopaviveśa ॥

2. 그러자 한 마리의 물새가 그에게 날아와서 말했다. "사티야카마야."
[사티야카마가 말했다.] "존자여, 듣고 있습니다."
taṃ madgur upanipatyābhyuvāda satyakāma3 iti । bhagava iti ha pratiśuśrāva ॥

3. [물새가 말했다.] "얘야. 내가 너에게 브라만의 한 발에 대해서 말해 주마." [사티야카마가 말했다.] "존자여, 저에게 말씀해 주세요."
그러자 [물새가 사티야카마]에게 말했다. "[브라만의] 16분의 1은 숨이고, 16분의 1은 눈이고, 16분의 1은 귀이고, 16분의 1은 마음이다. 얘야, 이와 같은 16분의 4가 '쉴 곳을 가진 것'이라고 부르는 브라만의 한 발이다."
brahmaṇaḥ somya te pādaṃ bravāṇīti । bravītu me bhagavān iti । tasmai hovāca । prāṇaḥ kalā । cakṣuḥ kalā । śrotraṃ kalā । manaḥ kalā । eṣa vai somya catuṣkalaḥ pādo brahmaṇa āyatanavān nāma ॥

4. [물새가 말했다.] "그것을 알고서 그 16분의 4를 '쉴 곳을 가진 것'이라고 부르는 브라만의 한 발이라고 숭배하는 자는 이 세계에서 쉴 곳을 가진 자가 된다. 그것을 알고서 그 16분의 4를 '쉴 곳을 가진 것'이라고 부르는 브라만의 한 발이라고 숭배하는 자는 이 세계를 쉴 곳으로 얻는다."
sa ya etam evaṃ vidvāṃś catuṣkalaṃ pādaṃ brahmaṇa āyatanavān ity upāsta āyatanavān asmiṃl loke bhavati । āyatanavato ha lokāñ jayati ya etam evaṃ vidvāṃś catuṣkalaṃ pādaṃ brahmaṇa āyatanavān ity upāste ॥

아홉 번째 칸다 : 스승의 가르침

1. 그때 그는 스승의 집에 도착했다. 스승은 그에게 말했다. "사티야카마야." [사티야카마]는 대답했다. "예. 스승님."

prāpa hācaryakulam । tam ācaryo 'bhyuvāda satyakāma3 iti । bhagava iti ha pratiśuśrāva ॥

2. 스승이 말했다. "얘야, 너는 마치 브라만을 아는 사람처럼 [몸에서] 빛이 나는구나. 누가 너에게 [브라만을] 가르쳐 주었느냐?" 그러자 [사티야카마]가 말했다. "[그들은] 사람이 아닙니다. 그러니 스승님이 제게 [브라만을] 말씀해 주십시오."
brahmavid iva vai somya bhāsi । ko nu tvānuśaśāseti । anye manuṣyebhya iti ha pratijajñe । bhagavāṃs tv eva me kāme brūyāt ॥

3. [사티야카마는 다시 말했다.] "존자와 같은 분으로부터 내가 들은 바에 의하면, 스승님으로부터 배운 지식이야말로 가장 올바른 것에 도달하도록 한다고 합니다." 그러자 [스승]은 [사티야카마]에게 [브라만을] 설했다. 그 [스승의 가르침]에서 빠진 것은 아무 것도 없었다. 빠진 것은 [아무 것도] 없었다.
śrutaṃ hy eva me bhagavaddṛśebhya ācāryād dhaiva vidyā viditā sādhiṣṭhaṃ prāpatīti । tasmai ha etad eva uvāca । atra ha na kiṃcana vīyāyeti vīyāyeti ॥

열 번째 칸다 : 우파코사라 이야기

1. 우파코사라 카마라야나가 사티야카마 자바라의 집에서 신성한 지식을 공부하는 학생의 삶을 살았다. [우파코사라]는 12년 동안 [사티야카마]의 불을 돌보았다. 그런데 [사티야카마]는 다른 학생들은 집으로 돌아

가도록 허락하면서도, [우파코사라]는 돌아가도록 허락하지 않았다.

upakosalo ha vai kāmalāyanaḥ satyakāme jābāle brahmacaryam uvāsa । tasya ha dvādaśa vārṣāny agnīn paricacāra । sa ha smānyān antevāsinaḥ samāvartayaṃs taṃ ha smaiva na samāvartayati ॥

2. [그러자 사티야카마]의 아내가 그에게 말했다. "그 신성한 지식을 배우는 [우파코사라]는 고행을 닦았습니다. 그는 불을 잘 돌보았습니다. 그 불들이 당신을 비난하지 않도록 하세요. 그에게 [신성한 지식을] 말해주세요." 그러나 [사티야카마]는 [신성한 지식을] 말해주지 않고서 여행을 떠나버렸다.

taṃ jāyovāca tapto brahmacārī kuśalam agnīn paricacārīt । mā tvā agnayaḥ paripravocan । prabrūhy asmā iti । tasmai hāprocyaiva pravāsāṃ cakre ॥

3. 그런데 [우파코사라]는 병 때문에 음식을 먹지 못했다. 그러자 스승의 아내가 말했다. "신성한 지식을 배우는 학생이여, 자, [음식을] 먹어요. 왜 먹지 않나요?" 그러자 [우파코사라]는 말했다. "여기 이 사람에게는 다양하고 많은 애욕이 있습니다. 나는 질병으로 가득 채워져 있습니다. 나는 먹지 않겠습니다."

sa ha vyādhinā anaśituṃ dadhre । tam ācāryajāyā uvāca brahmacārinn aśāna । kiṃ nu na aśnāsi iti । sa ha uvāca bahava ime 'smin puruṣe kāmā nānātyāyāḥ । vyādhībhīḥ pratipūrṇo 'smi । nāsiṣyāmi iti ॥

4. 그러자 불들이 함께 모여서 [이렇게] 말했다. "그 신성한 지식을 공부

하는 학생은 이미 고행을 닦았다. 그는 우리를 잘 돌보았다. 자, 우리가 그를 가르치자." 그래서 그 [불]들은 [우파코사라]에게 말했다. "브라만은 숨이다. 브라만은 기쁨이다. 브라만은 허공이다."

atha hāgnayaḥ samūdire । tapto brahmacārī kuśalaṃ naḥ paryacārīt । hantāsmai prabravāmeti tasmai hocuḥ । prāṇo brahma kaṃ brahma khaṃ brahmeti ॥

5. 그러자 [우파코사라]가 말했다. "나는 브라만이 숨이라는 것을 압니다. 그러나 [브라만이] 기쁨과 허공인 것은 알지 못합니다." [그러자 불]들이 말했다. "기쁨(ka), 그것은 허공(kha)과 같다. 허공, 그것은 기쁨과 같다." 그리고 [불]들은 [다시 우파코사라]에게 생명과 공간을 설명했다.

sa hovāca । vijānāmy ahaṃ yat prāṇo brahma । kaṃ ca tu khaṃ ca na vijānāmīti । te hocuḥ । yad vāva kaṃ tad eva kham । yad eva khaṃ tad eva kam iti । prāṇaṃ ca hāsmai tad ākāśaṃ cocuḥ ॥

열한 번째 칸다 : 집주인의 불의 가르침

1. 그러자 [이번에는] 집주인의 불이 그를 가르쳤다. "[브라만은] 대지, 불, 음식, 해이다. 그리고 해 속에서 보이는 사람, 그는 나 [집주인의 불]이다. [그리고] 나 [집주인의 불]은 [해 속에서 보이는 사람]이다."

atha hainaṃ gārhapatyo 'nuśaśāsa pṛthivy agnir annam āditya iti । ya eṣa āditye puruṣo dṛśyate so 'ham asmi sa eva aham asmi iti ॥

2. [그러자 불들이 말했다.] "이 [불]을 그렇게 알고서 숭배하는 자는 악행을 파괴하며, 세간의 소유자가 되며, 온전한 수명을 살며, 오래도록 살고, 후손들이 쇠퇴하지 않는다. 우리는 이 불을 그렇게 알고 숭배하는 자에게 이 세계와 저 세계에서 봉사한다."

sa ya etam evaṃ vidvān upāste । apahate pāpakṛtyām । lokī bhavati । sarvam āyur eti । jyog jīvati । na asya avarapuruṣāḥ kṣīyante । upa vayaṃ taṃ bhuñjāmo 'smiṃś ca loke 'muṣmiṃś ca । ya etam evaṃ vidvān upāste ॥

열두 번째 칸다 : 남쪽 제사불의 가르침

1. 그러자 남쪽의 제사불이 그를 가르쳤다. "[브라만은] 물, 하늘의 방위들, 별들, 달들이다. 그리고 달 속에서 보이는 사람, 그는 나 [남쪽의 제사불]이다. 실로 그 [달 속에서 보이는 사람]은 나 [남쪽의 제사불]이다."

atha ha enam anvāhāryapacano 'nuśaśāsa āpo diśo nakṣatrāṇi candramā iti । ya eṣa candramasi puruṣo dṛṣyate so 'ham asmi sa eva aham asmi iti ॥

2. [그러자 불들이 말했다.] "이 [불]을 그렇게 알고서 숭배하는 자는 악행을 파괴하며, 세간의 소유자가 되며, 온전한 수명을 살며, 오래도록 살고, 후손들이 쇠퇴하지 않는다. 우리는 이 불을 그렇게 알고 숭배하는 자에게 이 세계와 저 세계에서 봉사한다."

sa ya etam evaṃ vidvān upāste । apahate pāpakṛtyām । lokī bhavati । sarvam āyur eti । jyog jīvati । na asya avarapuruṣāḥ kṣīyante । upa vayaṃ taṃ bhuñjāmo 'smiṃś ca loke 'muṣmiṃś ca । ya etam evaṃ vidvān upāste ॥

열세 번째 칸다 : 동쪽 제사불의 가르침

1. 그러자 동쪽의 제사불이 그를 가르쳤다. "[브라만은] 숨, 공간, 하늘, 번개이다. 그리고 번개 속에서 보이는 사람, 그는 나 [동쪽의 제사불]이다. 실로 그 [번개 속에서 보이는 사람]은 나 [동쪽의 제사불]이다."
atha hainam āhavanīyo 'nuśaśāsa prāṇa ākāśo dyaur vidyud iti । ya eṣa vidyuti puruṣo dṛśyate so 'ham asmi sa evāham asmīti ॥

2. [그러자 불들이 말했다.] "이 [불]을 그렇게 알고서 숭배하는 자는 악행을 파괴하며, 세간의 소유자가 되며, 온전한 수명을 살며, 오래도록 살고, 후손들이 쇠퇴하지 않는다. 우리는 이 불을 그렇게 알고 숭배하는 자에게 이 세계와 저 세계에서 봉사한다."
sa ya etam evaṃ vidvān upāste । apahate pāpakṛtyām । lokī bhavati । sarvam ayur eti । jyog jīvati । nāsyāvarapuruṣāḥ kṣīyante । upa vayaṃ taṃ bhuñjāmo 'smiṃś ca loke 'muṣmiṃś ca । ya etam evaṃ vidvān upāste ॥

열네 번째 칸다 : 아트만에 도달하는 길 1

1. 그러자 불들이 [다시] 말했다. "우파코사라야, 너는 우리들에 대한 지식과 아트만에 대한 지식을 얻었다. 스승 [사티야카마]는 너에게 [아트

만에 도달하는] 길을 말해 줄 것이다." [그러자] 스승 [사티야카마]가 돌아왔다. 스승은 [우파코사라]에게 말했다. "우파코사라야."

te hocuḥ। upakosalaiṣā somya te 'smadvidyātmavidyā ca । ācāryas tu te gatiṃ vakteti । ājagāma hāsyācāryaḥ । tam ācāryo 'bhyuvādopakosala3 iti ॥

2. [우파코사라]는 대답했다. "예, 스승님." [그러자] 스승 [사티야카마]가 말했다. "네 얼굴이 마치 브라만을 아는 사람처럼 빛나는구나. 누가 너를 가르쳤느냐?"

[우파코사라]는 부인했다. "누가 나를 가르쳤겠습니까?" 그리고 넌지시 불들에 대하여 말했다. "이 [불]들, 그것들은 지금 이런 모습이지만, 그것들은 [이전에] 다른 모습이었습니다." [사티야카마가 말했다.] "얘야, 그 [불]들이 너에게 무엇을 말하였느냐?"

bhagava iti ha pratiśuśrāva । brahmavida iva somya te mukhaṃ bhāti । ko nu tvānuśaśāseti । ko nu mānuśiśyād bho itīhāpeva nihnute । ime nūnam īdṛśā anyādṛśā itīhāgnīn abhyūde । kiṃ nu somya kila te 'vocann iti ॥

3. [우파코사라]는 말했다. "[그것은] 이런 것들입니다." 스승 [사티야카마]가 말했다. "얘야, 그 [불]들이 [너에게] 세계들에 대해서 말했구나. 그러나 나는 너에게 [아트만에 도달하는 길]에 대하여 말해 주겠다. 연꽃잎에 물이 달라 붙지 못하는 것처럼, 그것을 아는 자에게는 악행이 달라 붙지 않는다."

[우파코사라]가 말했다. "스승님, 저에게 [그것을] 말씀해 주십시오." 그러자 [사티야카마]가 [우파코사라]에게 말했다.

idam iti ha pratijajñe । lokān vāva kila somya te 'vocan । ahaṃ tu te tad vakṣyāmi yathā puṣkarapalāśa āpo na śliṣyanta evam evaṃ vidi pāpaṃ karma na śliṣyata iti । bravītu me bhagavān iti । tasmai hovāca ॥

열다섯 번째 칸다 : 아트만에 도달하는 길 2

1. [사티야카마가 말했다.] "이 눈 속에서 보여지는 사람, 그것이 아트만이다. 그것은 죽지 않으며 두려움이 없다. 그것은 브라만이다. 그러므로 누가 [눈] 속에 녹인 버터나 물을 부으면, 그 [버터나 물]은 [눈의] 가장자리로 가는 것이다."

   ya eṣo 'kṣiṇi puruṣo dṛśyata eṣa ātmeti hovāca । etad amṛtam abhayam etad brahmeti । tad yady apy asmin sarpir vodakaṃ vā siñcati vartmanī eva gacchati ॥

2. [사티야카마는 계속해서 말했다.] "사람들은 그 [아트만]을 사랑스러운 것과 결합하는 것이라고 부른다. 왜냐하면 모든 사랑스러운 것들이 그 [아트만]으로 오기 때문이다. 모든 사랑스러운 것들은 이것을 아는 사람에게로 온다."

   etaṃ saṃyadvāma ity ācakṣate । etaṃ hi sarvāṇi vāmāny abhisaṃyanti । sarvāṇy enaṃ vāmāny abhisaṃyanti ya evaṃ veda ॥

3. [사티야카마는 계속해서 말했다.] "또 그 [아트만]은 사랑스러운 것을 가져오는 것이라고 부른다. 그것은 모든 사랑스러운 것들을 가져오기 때문이다. 이것을 아는 자는 모든 사랑스러운 것들을 가지고 온다."

eṣa u eva vāmanīḥ ǀ eṣa hi sarvāṇi vāmāni nayati ǀ sarvāṇi vāmāni nayati ya evaṃ veda ǁ

4. [사티야카마는 계속해서 말했다.] "그 [아트만]은 빛을 가져오는 것이라고 부른다. 그것은 모든 세계들에서 빛나기 때문이다. 이것을 아는 자는 모든 세계에서 빛나게 된다."

eṣa u eva bhāmanīḥ ǀ eṣa hi sarveṣu lokeṣu bhāti ǀ sarveṣu lokeṣu bhāti ya evaṃ veda ǁ

5. [사티야카마는 계속해서 말했다.] "그런데 이 사람을 화장(火葬)을 하거나, 혹은 하지 않거나, 그 [죽은 자]들은 불꽃으로 가며, 불꽃에서 하루 속으로, 하루에서 [달이] 커지는 보름으로, [달이] 커지는 보름에서 [해가] 북쪽으로 가는 여섯 달 속으로, 그 [여섯 달]에서 일 년으로, 일 년에서 태양으로, 태양에서 달로, 달에서 번개로 간다. [그런데 그 속에 있는] 그 사람은 마누의 후손이 아니다. 그가 [죽은 자]들을 브라만에게 인도한다. 이것이 신의 길이며,[066] 브라만의 길이다. [브라만]에 도달한 자들은 이 [세상의] 사람으로 돌아오지 않는다. 그들은 돌아오지 않는다."

atha yad u caivāsmiñ chavyaṃ kurvanti yadi ca nārciṣam evābhisaṃbhavanti ǀ arciṣo 'haḥ ǀ ahna āpūryamāṇapakṣam ǀ āpūryamāṇapakṣād yān ṣaḍ udaṅṅ eti māsāṃs tān ǀ māsebhyaḥ saṃvatsaram ǀ saṃvatsarād ādityam ǀ ādityāc candramasam ǀ candramaso vidyutam ǀ tat puruṣo 'mānavaḥ ǀ sa enān brahma gamayati ǀ eṣa devapatho brahmapathaḥ ǀ etena pratipadyamānā imaṃ mānavam āvartaṃ nāvartante nāvartante ǁ

열여섯 번째 칸다 : 제사에서 침묵하는 바라문

1. 정화하는 [바람]은 제사이다. [바람]이 가면 모든 것을 정화한다. [바람]이 가면 모든 것을 정화한다. 그러므로 [바람]은 제사이다. [제사]의 두 기둥은 마음과 말이다.

eṣa ha vai yajño yo 'yaṃ pavate । eṣa ha yann idaṃ sarvaṃ punāti । yad eṣa yann idaṃ sarvaṃ punāti । tasmād eṣa eva yajñaḥ । tasya manaś ca vāk ca vartanī ॥

2. 침묵의 바라문은 마음을 가지고 두 개의 [기둥] 가운데 하나를 준비하며, 호트리 바라문, 아드바류 바라문, 우드가트리 바라문은 말을 가지고 [두 개의 기둥 가운데 하나를] 준비한다. 아침 낭송을 시작하여 마무리 게송 이전에 침묵의 바라문이 말하게 되면,

tayor anyatarāṃ manasā saṃskaroti brahmā । vācā hotādhvaryur udgātānyatarām । sa yatropākṛte prātaranuvāke purā paridhānīyāyā brahmā vyavavadati ॥

3. [제사]는 두 개의 기둥 가운데 하나만 준비하고, 다른 하나는 버린 것이 된다. [그러면] 한 다리로 걷는 사람이나 바퀴 하나로 가는 마차가 손상되는 것처럼 그 제사는 손상된다. 제사가 손상되면 제주(祭主)도 손상된다. [그러면 제주]는 제사를 지내고 나서 더 나쁘게 된다.

anyatarām eva vartanīṃ saṃskaroti । hīyate 'nyatarā । sa yathaikapād vrajan ratho vaikena cakreṇa vartamāno riṣyaty evam asya yajño riṣyati । yajñaṃ riṣyantaṃ yajamāno 'nu riṣyati । sa iṣṭvā pāpīyān bhavati ॥

4. 그러나 아침 낭송이 시작되고, 마무리 게송 이전에 침묵의 바라문이 말하지 않는다면, 그 [제사]는 두 개의 기둥을 모두 갖춘 것이 되고, 둘 중 어떤 하나도 버리지 않게 된다.
atha yatra upākṛte prātaranuvāke na purā paridhānīyāyā brahmā vyavavadaty ubhe eva vartanī saṃskurvanti । na hīyate 'nyatarā ॥

5. [그러면] 두 다리로 걷는 사람이나 두 바퀴로 가는 마차가 잘 확립되는 것처럼, 그 제사도 잘 확립된다. [그와 같이] 제사가 잘 확립되면, 잘 확립된 제사의 제주도 잘 확립된다. [그래서 제주]는 제사를 지내고 나서 더 좋아지게 된다.
sa yathobhayapād vrajan ratho vobhābhyāṃ cakrābhyāṃ vartamānaḥ pratitiṣṭhaty evam asya yajñaḥ pratitiṣṭhati yajñaṃ pratitiṣṭhantaṃ yajamāno 'nu pratitiṣṭhati । sa iṣṭvā śreyān bhavati ॥

열일곱 번째 칸다 : 제사에서 오류의 교정

1. 프라자파티는 세계들을 [따뜻하게] 품었다. [프라자파티는 세계들을] 품으면서 [세계의] 정수들을 뽑아냈다. [프라자파티는] 대지로부터 불을, 창공으로부터 바람을, 하늘로부터 태양을 뽑아냈다.
prajāpatir lokān abhyatapat । teṣāṃ tapyamānānāṃ rasān prāvṛhat । agniṃ pṛthivyāḥ । vāyum antarikṣāt । ādityaṃ divaḥ ॥

2. [프라자파티]는 그 세 가지 신성한 것들을 [다시 따뜻하게] 품었다. [그는 그것들을] 품으면서 그것들의 정수를 뽑아냈다. 불로부터 리그의

게송을, 바람으로부터 야즈냐의 법전을, 태양으로부터 사만의 찬가들을 뽑아냈다.

sa etās tisro devatā abhyatapat ǀ tāsāṃ tapyamānānāṃ rasān prāvṛhat ǀ agner ṛcaḥ ǀ vāyor yajūṃṣi ǀ sāmāny ādityāt ǁ

3. [프라자파티]는 그 세 가지 베다들을 [다시 따뜻하게] 품었다. [그는 그 것들을] 품으면서, 그것들의 정수를 뽑아냈다. 리그의 게송으로부터 브후르(bhūr, 땅)를, 야주스의 법전으로부터 브후바스(bhuvas, 하늘)를, 사만의 찬가로부터 스바르(svar, 빛)를 뽑아냈다.

sa etāṃ trayīṃ vidyām abhyatapat ǀ tasyās tapyamānāyā rasān prāvṛhat ǀ bhūr ity ṛgbhyaḥ ǀ bhuvar iti yajurbhyaḥ ǀ svar iti sāmabhyaḥ ǁ

4. 그러므로 만약 리그의 게송들을 잘못 읽었다면, '브후르여, 만세!'라고 말하면서 가장(家長)의 불(garhapatya)에 공물을 바친다. 그러면 리그 게송들의 정수에 의해서, 리그 게송들의 힘에 의해서, 제사에서 [발생한] 리그 게송들에 대한 잘못이 회복된다.

tad yady ṛkto riṣyed bhūḥ svāheti gārhapatye juhuyāt ǀ ṛcām eva tad rasenarcāṃ vīryeṇarcāṃ yajñasya viriṣṭaṃ saṃdadhāti ǁ

5. 만약 야주스의 법전들을 잘못 읽었다면, '브후바스여, 만세!'라고 말하면서 남쪽의 불(dakṣiṇa)에 공물을 바친다. 그러면 야주스 법전의 정수들에 의하여, 야주스 법전들의 힘에 의하여, 제사에서 [발생한] 야주스 법전들에 대한 잘못이 회복된다.

atha yadi yajuṣṭo riṣyed bhuvaḥ svāheti dakṣiṇāgnau juhuyāt ǀ yajuṣām eva tad rasena yajuṣāṃ vīryeṇa yajuṣāṃ yajñasya viriṣṭaṃ saṃdadhāti ॥

6. 만약 사만의 찬가들을 잘못 읽었다면, '스바르여, 만세!'라고 말하면서 동쪽의 불(āhavanīya)에 공물을 바친다. 그러면 사만 찬가들의 정수에 의해서, 사만 찬가들의 힘에 의해서, 제사에서 [발생한] 사만 찬가들에 대한 잘못이 회복된다.

atha yadi sāmato riṣyet svaḥ svāhety āhavanīye juhuyāt । sāmnām eva tad rasena sāmnāṃ vīryeṇa sāmnāṃ yajñasya viriṣṭaṃ saṃ dadhāti ॥

7. 소금으로 금을, 금으로 은을, 은으로 주석을, 주석으로 납을, 납을 구리로, 구리로 나무를, 나무를 가죽으로 수선하는 것처럼,

tad yathā lavaṇena suvarṇaṃ saṃdadhyāt । suvarṇena rajataṃ rajatena trapu trapuṇā sīsaṃ sīsena lohaṃ lohena dāru dāru carmaṇā ॥

8. 그는 세계들, 신성한 것들, 그리고 세 가지 지식의 힘으로 제사의 오류를 회복시킨다. [잘못 치러진] 제사는 그런 [진실]을 아는 바라문이 있을 때 치유된다.

evam eṣāṃ lokānām āsāṃ devatānām asyās trayyā vidyāyā vīryeṇa yajñasya viriṣṭaṃ saṃdadhāti । bheṣajakṛto ha vā eṣa yajño yatraivaṃvid brahmā bhavati ॥

9. [그러므로 제사]에 그런 [진실]을 아는 바라문이 있으면 그 제사는 북쪽으로 기운다.[067] 실로 그런 [진실]을 아는 바라문에 대하여 이런 게송이있다.

eṣa ha vā udakpravaṇo yajño yatraivaṃvid brahmā bhavati ।
evaṃ vidaṃ ha vā eṣā brahmāṇam anu gāthā ।

그 [바라문]이 향하는 곳, 그 곳으로 사람들은 간다.
yato yata āvartate tat tad gacchati mānavaḥ ।

10. 오직 그런 바라문만이 말(馬)을 지키는 것처럼 사람들을 [수호한다].
brahmaivaika ṛtvik kurūn aśvābhirakṣati ।

그런 [진실]을 아는 바라문은 제사, 제주, 바라문들을 수호한다. 그러므로 그런 [진실]을 아는 바라문을 [제사에서 침묵의 바라문으로] 삼아야 하며, 그런 [진실]을 모르는 자를 [침묵의 바라문으로 삼으면] 안 된다. 그런 [진실]을 모르는 자를 [침묵의 바라문으로 삼으면] 안된다.
evaṃvid dha vai brahmā yajñaṃ yajamānaṃ sarvāṃś cartvijo 'bhirakṣati | tasmād evaṃvidam eva brahmāṇaṃ kurvīta nānevaṃvidaṃ nānevaṃvidam ॥

다섯 번째 프라파타카

슈베타케투 및 아슈바파티 이야기

다섯 번째 프라파타카 : 슈베타케투 및 아슈바파티 이야기

첫 번째 칸다 : 생명 기능들 가운데 최고의 것

1. 뛰어난 것과 최고의 것을 아는 자는 뛰어난 사람, 최고의 사람이 된다. 숨은 뛰어난 것이고, 최고의 것이다.

yo ha vai jyeṣṭhaṃ ca śreṣṭhaṃ ca veda jyeṣṭhaś ca ha vai śreṣṭhaś ca bhavati । prāṇo vāva jyeṣṭhaś ca śreṣṭhaś ca ॥

2. 탁월한 것을 아는 자는 주변 사람들 중에서 탁월한 사람이 된다. 말(言)은 탁월한 것이다.

yo ha vai vasiṣṭhaṃ veda vasiṣṭho ha svānāṃ bhavati । vāg vāva vasiṣṭhaḥ ॥

3. 굳건한 토대를 아는 자는 이 세계와 저 세계에서 굳건하게 머물게 된다. 눈(眼)은 굳건한 토대이다.

yo ha vai pratiṣṭhāṃ veda prati ha tiṣṭhaty asmiṃś ca loke 'muṣmiṃś ca । cakṣur vāva pratiṣṭhā ॥

4. 성취를 아는 자는 신성한 사물에 대한 욕망과 인간적인 [욕망을] 성취한다. 실로 귀(耳)는 성취이다.
yo ha vai saṃpadaṃ veda saṃ hāsmai kāmāḥ padyante daivāś ca mānuṣāś ca । śrotraṃ vāva saṃpat ॥

5. 거주처를 아는 자는 주변 사람들의 거주처가 된다. 실로 마음(意)은 거주처이다.
yo ha vā āyatanaṃ vedāyatanaṃ ha svānāṃ bhavati । mano ha vā āyatanam ॥

6. 그러자 [생명의] 숨들은[069] "내가 가장 뛰어나다. 내가 가장 뛰어나다." 라고 하면서 자신이 가장 뛰어나다고 주장하기 시작했다.
atha ha prāṇā ahaṃ śreyasi vyūdire । ahaṃ śreyān asmy ahaṃ śreyān asmīti ॥

7. [그러다가] 그 [생명의] 숨들은 [자신들의] 아버지인 프라자파티에게 가서 말했다. "아버지, 우리들 중 누가 가장 뛰어난가요?"
[그러자] 프라지파티는 그 [숨]들에게 말했다. "그가 나갔을 때 몸이 가장 나쁘게 보여지는 것, 그가 너희들 중 가장 뛰어난 자다."
te ha prāṇāḥ prajāpatiṃ pitaram etyocuḥ bhagavan ko naḥ śreṣṭha iti । tān hovāca । yasmin va utkrānte śarīraṃ pāpiṣṭhataram iva dṛśyeta sa vaḥ śreṣṭha iti ॥

8. [그러자] 말이 나가서 일 년 동안 돌아 다니다가 돌아와서 말했다. "너희들은 내가 없이 어떻게 살 수 있었느냐?"
[그러자 숨들이 말했다.] "벙어리처럼 말은 못했지만, 숨으로 숨쉬고,

눈으로 보고, 귀로 듣고, 마음으로 생각하면서, [우리는 살았다].” 그러자 말은 [몸 속으로] 들어갔다.

sā ha vāg uccakrāma । sā saṃvatsaraṃ proṣya paryetyovāca । katham aśakatarte maj jīvitum iti । yathā kalā avadantaḥ prāṇantaḥ prāṇena paśyantaś cakṣuṣā śṛṇvantaḥ śrotreṇa dhyāyanto manasaivam iti । praviveśa ha vāk ॥

9. [그러자] 눈이 나가서 일 년 동안 돌아 다니다가 돌아와서 말했다. “너희들은 내가 없이 어떻게 살 수 있었느냐?”

[그러자 숨들이 말했다.] “장님처럼 보지는 못했지만, 숨으로 숨쉬고, 말로 말하고, 귀로 듣고, 마음으로 생각하면서, [우리는 살았다].” 그러자 눈은 [몸 속으로] 들어갔다.

cakṣur hoccakrāma । tat saṃvatsaraṃ proṣya paryetyovāca । katham aśakatarte maj jīvitum iti । yathāndhā apaśyantaḥ prāṇantaḥ prāṇena vadanto vācā śṛṇvantaḥ śrotreṇa dhyāyanto manasaivam iti । praviveśa ha cakṣuḥ ॥

10. [그러자] 귀가 나가서 일 년 동안 돌아 다니다가 돌아와서 말했다. “너희들은 내가 없이 어떻게 살수 있었느냐?”

[그러자 숨들이 말했다.] “귀머거리처럼 듣지는 못했지만, 숨으로 숨쉬고, 말로 말하고, 눈으로 보고, 마음으로 생각하면서, [우리는 살았다].” 그러자 귀는 [몸 속으로] 들어갔다.

śrotraṃ hoccakrāma । tat saṃvatsaraṃ proṣya paryetyovāca katham aśakatarte maj jīvitum iti । yathā badhirā aśṛṇvantaḥ prāṇantaḥ prāṇena vadanto vācā paśyantaś cakṣuṣā dhyāyanto manasaivam iti । praviveśa ha śrotram ॥

11. [그러자] 마음이 나가서 일 년 동안 돌아 다니다가 돌아와서 말했다. "너희들은 내가 없이 어떻게 살 수 있었느냐?"

[그러자 숨들이 말했다.] "바보처럼 생각하지는 못했지만, 숨으로 숨쉬고, 말로 말하고, 눈으로 보고, 귀로 들으면서 [우리는 살았다]." 그러자 마음은 [몸 속으로] 들어갔다.

mano hoccakrāma । tat saṃvatsaraṃ proṣya paryetyovāca । katham aśakatarte maj jīvitum iti । yathā bālā amanasaḥ prāṇantaḥ prāṇena vadanto vācā paśyantaś cakṣuṣā śṛṇvantaḥ śrotreṇaivam iti । praviveśa ha manaḥ॥

12. [그러자] 훌륭한 말이 [자신을] 묶고 있는 기둥을 뽑아버리듯이, 숨이 다른 [생명의] 숨들을 뽑아버리고 [나가려고] 하였다. [그러자 생명의 숨들이] 그에게 다가가서 말했다. "존자여, [우리들과 함께] 머물러 주시오. 그대가 우리들 중에서 가장 뛰어난 자요. [여기서] 나가지 마시오."

atha ha prāṇa uccikramiṣan sa yathā suhayaḥ paḍvīśaśaṅkūn saṃkhided evam itarān prāṇān samakhidat । taṃ hābhisametyocuḥ । bhagavann edhi । tvaṃ naḥ śreṣṭho 'si । motkramīr iti ॥

13. [그러자] 말이 [숨에게] 말했다. "내가 탁월한 것이라면, 그대도 탁월한 자요." 그러자 눈이 [숨에게] 말했다. "내가 굳건한 것이라면, 그대도 굳건한 자요."

atha hainaṃ vāg uvāca । yad ahaṃ vasiṣṭho 'smi tvaṃ tad vasiṣṭho 'sīti । atha hainaṃ cakṣur uvāca । yad ahaṃ pratiṣṭhāsmi tvaṃ tat pratiṣṭhā 'sīti ॥

14. [그러자] 귀가 [숨에게] 말했다. "내가 성취라면, 그대도 성취요." [그러자] 마음이 [숨에게] 말했다. "내가 거주처라면, 그대도 거주처요."
atha hainaṃ śrotram uvāca | yad ahaṃ saṃpad asmi tvaṃ tat saṃpad asīti | atha hainaṃ mana uvāca | yad aham āyatanam asmi tvaṃ tad āyatanam asīti ||

15. [그러므로] 사람들은 말들, 눈들, 귀들, 마음들이라고 부르지 않고, [그저 생명의] 숨들이라고 부른다. 왜냐하면 숨은 그것들 모두이기 때문이다.
na vai vāco na cakṣūṃṣi na śrotrāṇi na manāṃsīty ācakṣate | prāṇā ity evācakṣate | prāṇo hy evaitāni sarvāṇi bhavati ||

두 번째 칸다 : 위대한 것의 성취를 위한 혼합 음료의 주문

1. [그러자] 숨이 말했다. "무엇이 나의 음식이 될까?" [그러자 생명의 숨]들이 말했다. "개(犬)들로부터 새들에 이르기까지 여기 있는 모든 것이 [그대의 음식이]입니다." 그러므로 [모든] 것들은 숨의 음식이다. 숨은 [그 모든 것들의] 진실한 이름이다. 그것을 아는 자에게 음식이 되지 않는 것은 없다.
sa hovāca kiṃ me 'nnaṃ bhaviṣyatīti | yat kiṃcid idam ā śvabhya ā śakunibhya iti hocuḥ | tad vā etad anasyānnam | ano ha vai nāma pratyakṣam | na ha vā evaṃvidi kiṃcanānannaṃ bhavatīti ||

2. [그러자] 숨이 말했다. "무엇이 나의 옷이 될까?" [그러자 생명의 숨]들이 말했다. "물(āpas)이 [그대의 옷]입니다." 그러므로 사람이 [음식을] 먹으려고 할 때에는 물로 앞과 뒤를 감싸는 것이다.[070] [그러면] 그는 옷을 얻게 되며, 벌거벗지 않은 자가 된다.

sa hovāca kiṃ me vāso bhaviṣyatīti । āpa iti hocuḥ। tasmād vā etad aśiṣyantaḥ purastāc copariṣṭāc cādbhiḥ paridadhati । lambhuko ha vāso bhavati । anagno ha bhavati ॥

3. 사티야카마 자바라는 그것을 고슈루티 바이야그라파다에게 말하면서 [이렇게] 말했다. "메마른 나무 줄기에 그와 같은 [진실]을 말하면 가지들이 생겨날 것이며, 잎들이 자라날 것이다."

taddhaitat satyakāmo jābālo gośrutaye vaiyāghrapadyāyoktvovāca । yady apy enac chuṣkāya sthāṇave brūyāj jāyerann evāsmiñ chākhāḥ praroheyuḥ palāśānīti ॥

4. 만약 어떤 사람이 위대한 것을 바란다면, [그는] 초승달[이 뜨는] 어떤 밤에 소마 제사(dīkṣā)를 지낸 후, 보름달[이 뜨는] 어떤 밤에 시큼하게 굳은 우유, 꿀, 그리고 온갖 종류의 약초를 섞어서 혼합 음료를 만든 후, '최고의 것에게, 최상의 것에게 [바칩니다]. 만세!'라고 [말하면서], 불 속에 녹은 버터를 바치고, 나머지는 혼합 음료 속에 [다시] 쏟아 넣어야 한다.

atha yadi mahaj jigamiṣet, amāvāsyāyām dīkṣitvā paurṇamāsyāṃ rātrau sarvauṣadhasya mantham dadhimadhunor upamathya jyeṣṭhāya śreṣṭhāya svāhety agnāv ājyasya hutvā manthe saṃpātam avanayet ॥

5. 또 그는 '뛰어난 것에게 [바칩니다]. 만세!'라고 [말하면서], 불 속에 녹은 버터를 바치고, 나머지를 혼합 음료 속에 쏟아 넣어야 한다. 또 그는 '굳건한 토대에게[바칩니다]. 만세!'라고 [말하면서], 불 속에 녹은 버터를 바치고, 나머지를 혼합 음료 속에 쏟아 넣어야 한다. 또 그는 '성취에게 [바칩니다]. 만세!'라고 [말하면서], 불 속에 녹은 버터를 바치고, 나머지를 혼합 음료 속에 쏟아 넣어야 한다. 또 그는 '거주처에게 [바칩니다]. 만세!'라고 [말하면서], 불 속에 녹은 버터를 바치고, 나머지를 혼합 음료 속에 쏟아 넣어야 한다.

vasiṣṭhāya svāhety agnāv ājyasya hutvā manthe saṃpātam avanayet । pratiṣṭhāyai svāhety agnāv ājyasya hutvā manthe saṃpātam avanayet । saṃpade svāhety agnāv ājyasya hutvā manthe saṃpātam avanayet । āyatanāya svāhety agnāv ājyasya hutvā manthe saṃpātam avanayet ॥

6. 그런 후에 [그는 뒤로] 물러나서 손에 그 혼합 음료를 담아 들고 [이렇게] 말한다. "그대는 힘(ama, power)이다. 왜냐하면 이 모든 것은 그대와 함께 있기 때문이다. [또한] 그대는 최고의 것이고, 최상의 것이고, 왕이고, 지배자이기 때문이다. 그대는 나에게 최고의 것과 탁월한 것, 그리고 왕권과 지배권을 가지고 와서, 내가 이 모든 것[071]이 되도록 하라."

atha pratisṛpyāñjalau mantham ādhāya japati । amo nāmāsi । amā hi te sarvam idam । sa hi jyeṣṭhaḥ śreṣṭho rājādhipatiḥ । sa mā jyaiṣṭhyaṃ śraiṣṭhyaṃ rājyam ādhipatyaṃ gamayatu । aham evedaṃ sarvam asānīti ॥

7. 그런 후에 그는 [다음과 같은] 리그의 게송[072]과 함께 [그 혼합 음료를]

조금씩 마신다.

atha khalv etayarcā paccha ācāmati ।

"사비트리 신의 음식을"이라고 말하면서 조금 마신다.

"우리들은 선택하였다."라고 말하면서 조금 마신다.

"최고의 것을 모두 줄 수 있는"이라고 말하면서 조금 마신다.

"신의 힘을 우리는 바랍니다."라고 말하면서 모두 마신다.

tat savitur vṛṇīmaha ity ācāmati ।

vayaṃ devasya bhojanam ity ācāmati ।

śreṣṭhaṃ sarvadhātamam ity ācāmati ।

turaṃ bhagasya dhīmahīti sarvaṃ pibati ॥

8. [그런 후] 그는 그릇과 잔을 씻은 후 조용히 절제하면서, 불의 서쪽에 가죽이나 맨 땅 [위]에 눕는다. 만일 그가 [꿈속에서] 여인을 보게 되면 그의 제사는 성취되었음을 알아야 한다.

nirṇijya kaṃsaṃ camasaṃ vā paścād agneḥ saṃviśati । carmaṇi vā sthaṇḍile vā vācaṃyamo 'prasāhaḥ । sa yadi striyaṃ paśyet samṛddhaṃ karmeti vidyāt ॥

9. 여기 다음과 같은 게송이 있다.

tad eṣa ślokaḥ।

만약 소원의 성취를 위한 제사를 지내는 동안, 그가 여인을 꿈속에서 본다면,

꿈속에서 본다면, 꿈속에서 본다면, 그럴 경우 그의 제사는 성취될 것이다.

yadā karmasu kāmyeṣu striyaṃ svapneṣu paśyati ।
samṛddhiṃ tatra jānīyāt tasmin svapnanidarśane tasmin svapnanidarśane ॥

세 번째 칸다 : 슈베타케투 이야기[073]

1. [어느날] 슈베타케투 아루네야가 판차라족의 모임에 참석했다. 그런데 프라바하나 자이바리가 그에게 말했다. "젊은이, [그대의] 아버지는 그대를 가르쳤는가?" [슈베타케투]가 대답했다. "예, 그렇습니다. 존자여."
śvetaketur hāruṇeyaḥ pañcālānāṃ samitim eyāya । taṃ ha pravāhaṇo jaivalir uvāca । kumārānu tvāśiṣat piteti । anu hi bhagava iti ॥

2. [그러자 프라바하나가 물었다.] "그대는 사람들이 여기서 [죽으면] 가는 곳을 아는가?" [슈베타케투가 대답했다.] "모릅니다. 존자여."
[프라바하나가 다시 물었다.] "그대는 [죽은 사람]들이 어떻게 돌아오는지 아는가?" [슈베타케투가 대답했다.] "모릅니다. 존자여."
[프라바하나가 물었다.] "그대는 신에게 가는 길과 조상에게 가는 길이라는 두 개의 갈림길을 아는가?" [슈베타케투가 대답했다.] "모릅니다. 존자여."
vettha yad ito 'dhi prajāḥ prayantīti । na bhagava iti । vettha yathā punar āvartanta3 iti । na bhagava iti । vettha pathor devayānasya pitṛyāṇasya ca vyāvartanā3 iti । na bhagava iti ॥

3. [그러자 프라바하나가 물었다.] "그대는 어째서 저편의 세계가 채워지

지 않는지 아는가?" [슈베타케투가 대답했다.] "모릅니다. 존자여." [프라바하나가 물었다.] "그대는 어째서 다섯 번째 공물이 바쳐지면 물이 사람의 목소리를 가지게 되는지 아는가?" [슈베타케투가 대답했다.] "모릅니다. 존자여."

vettha yathāsau loko na saṃpūryata3 iti । na bhagava iti । vettha yathā pañcamyām āhutāv āpaḥ puruṣavacaso bhavantīti । naiva bhagava iti ॥

4. [그러자 프라바하나가 말했다.] "그런 것도 모르는 자를 어떻게 가르침을 받은 자라고 말할 수 있겠는가? 그런 자를 어떻게 가르침을 받은 자라고 말할 수 있겠는가?" 그러자 [슈베타케투]는 슬퍼하면서 아버지가 있는 곳으로 가서 [아버지]에게 말했다. "아버지, [당신은] 저를 가르치지 않았으면서도 저에게 '나는 너를 가르쳤다.'라고 말씀하셨습니다."

athānu kim anuśiṣṭo 'vocat hāyo hīmāni na vidyāt । kathaṃ so 'nuśiṣṭo bruvīteti । sa hāyastaḥ pitur ardham eyāya । taṃ hovācānanuśiṣya vāva kila mā bhagavān abravīd anu tvāśiṣam iti ॥

5. [슈베타케투는 다시 말했다.] "왕족 한 사람이 저에게 다섯 가지 질문을 했습니다. [그런데] 저는 그 [질문]들 가운데 하나도 온전하게 답변하지 못했습니다." 그러자 [아버지]는 말했다. "나는 네가 지금 말한 것들을 하나도 알지 못한다. 만약 내가 그것들을 알았다면 어떻게 내가 너에게 말하지 않았겠느냐?"

pañca mā rājanyabandhuḥ praśnān aprākṣīt । teṣāṃ naikaṃ ca nāśakaṃ vivaktum iti । sa hovāca yathā mā tvaṃ tadaitān avado yathāham eṣāṃ naikaṃcana veda । yady aham imān avediṣyaṃ kathaṃ te nāvakṣyam iti ॥

6. [그리하여] 가우타마는[074] 그 왕이 있는 곳으로 갔다. [왕은 가우타마]가 도착하자 그에게 [예의를 갖추어] 공경하였다. [다음날] 아침에 [가우타마]는 접견장으로 갔다.

왕은 그에게 말했다. "존자 가우타마여, 그대는 부(富)라고 하는 인간의 이익을 선택할 수 있을 것입니다." 그러자 가우타마가 [왕에게] 말했다. "왕이여, 인간의 부는 당신들의 것입니다. 그대가 이 아이에게 말한 것, 그것을 나에게도 말해주십시오." 그러자 왕은 고민하게 되었다.

sa ha gautamo rājño 'rdham eyāya । tasmai ha prāptāyārhāṃ cakāra । sa ha prātaḥ sabhāga udeyāya । taṃ hovāca । mānuṣasya bhagavan gautama vittasya varaṃ vṛṇīthāiti । sa hovāca । tavaiva rājan mānuṣaṃ vittam । yām eva kumārasyānte vācam abhāṣathās tām eva me brūhīti । sa ha kṛcchrī babhūva ॥

7. [그러자 왕은 가우타마]에게 양해를 구했다. "가우타마여, 잠깐 기다려주십시오. 그대가 내게 요청한 그런 지식은 당신 이전에는 바라문들에게 주어지지 않았던 것입니다. 그러므로 [그 지식은] 모든 세계 속에서 오직 크샤트리아의 규범이었던 것입니다." 그런 후에 [왕]은 [가우타마에게 가르침을] 설했다.

taṃ ha ciraṃ vasety ājñāpayāṃ cakāra । taṃ hovāca । yathā mā tvaṃ gautamāvadaḥ। yatheyaṃ na prāk tvattaḥ purā vidyā brāhmaṇān gacchati । tasmād u sarveṣu lokeṣu kṣatrasyaiva praśāsanam abhūd iti । tasmai hovāca ॥

네 번째 칸다 : 불과 소마왕

1. "가우타마여, 실로 저편의 세계는 불입니다. 태양은 그 [불]의 연료이며, [태양의] 빛살들은 [그 불의] 연기이며, 한낮은 [그 불의] 불꽃이며, 달은 [그 불의] 불씨들이며, 별들은 [그 불의] 불똥들입니다."

asau vāva loko gautamāgniḥ। tasyāditya eva samit । raśmayo dhūmaḥ । ahar arciḥ । candramā aṅgārāḥ । nakṣatrāṇi visphuliṅgāḥ ॥

2. [왕은 말했다.] "신들은 그 불 속에 믿음을 바칩니다. 그 공물로부터 소마왕이 생겨납니다."

tasminn etasminn agnau devāḥ śraddhāṃ juhvati । tasyā āhuteḥ somo rājā saṃbhavati ॥

다섯 번째 칸다 : 비구름과 소낙비

1. [왕은 말했다.] "가우타마여, 비구름은 불입니다. 바람은 그 [불]의 연료이며, 안개는 [그 불의] 연기이며, 번개는 [그 불의] 불꽃이며, 천둥은 [그 불의] 불씨들이며, 우박은 [그 불의] 불똥들입니다."

parjanyo vāva gautamāgniḥ । tasya vāyur eva samit । abhraṃ dhūmaḥ । vidyud arciḥ । aśanir aṅgārāḥ । hrādunayo visphuliṅgāḥ ॥

2. [왕은 말했다.] "신들은 그 불 속에 소마왕을 바칩니다. 그 공물에서 소낙비가 생겨납니다."

tasminn etasminn agnau devāḥ somaṃ rājānaṃ juhvati । tasyā

āhuter varṣaṃ saṃbhavati ॥

여섯 번째 칸다 : 대지와 음식

1. [왕은 말했다.] "가우타마여, 대지는 불입니다. 일 년은 그 [불]의 연료이며, 허공은 [그 불의] 연기이며, 밤은 [그 불의] 불꽃이며, [하늘의] 방위들은 [그 불의] 불씨들이며, 가운데 방위는 [그 불의] 불똥들입니다."

pṛthivī vāva gautamāgniḥ । tasyāḥ saṃvatsara eva samit । ākāśo dhūmaḥ । rātrir arciḥ । diśo 'ṅgārāḥ । avāntaradiśo visphuliṅgāḥ ॥

2. [왕은 말했다.] "신들은 그 불 속에 소낙비를 바칩니다. 그 공물에서 음식이 생겨납니다."

tasminn etasminn agnau devā varṣaṃ juhvati । tasyā āhuter annaṃ saṃbhavati ॥

일곱 번째 칸다 : 사람과 정액

1. [왕은 말했다.] "가우타마여, 실로 사람은 불입니다. 말은 그 [불]의 연료이며, 숨은 [그 불의] 연기이며, 혀는 [그 불의] 불꽃이며, 눈은 [그 불의] 불씨들이며, 귀는 [그 불의] 불똥들입니다."

puruṣo vāva gautamāgniḥ । tasya vāg eva samit । prāṇo dhūmaḥ । jihvārciḥ । cakṣur aṅgārāḥ । śrotraṃ visphuliṅgāḥ ॥

2. [왕은 말했다.] "신들은 그 불 속에 음식을 바칩니다. 그 공물에서 정액

이 생겨납니다."

tasminn etasminn agnau devā annaṃ juhvati । tasyā āhuter retaḥ sambhavati ॥

여덟 번째 칸다 : 여자와 아기

1. [왕은 말했다.] "가우타마여, 실로 여자는 불입니다. [여자의] 성기는 그 [불]의 연료이며, 부름을 받는 것은 [그 불의] 연기이며, 자궁은 [그 불의] 불꽃이며, [남자가] 안으로 넣는 것은 [그 불의] 불씨들이며, 즐거움은 [그 불의] 불똥들입니다."

   yoṣā vāva gautamāgniḥ । tasyā upastha eva samit । yad upamantrayate sa dhūmaḥ । yonir arciḥ । yad antaḥ karoti te 'ṅgārāḥ । abhinandā visphuliṅgāḥ ॥

2. [왕은 말했다.] "신들은 그 불 속에 정액을 바칩니다. 그 공물에서 아기가 생겨납니다."

   tasminn etasminn agnau devā reto juhvati । tasyā āhuter garbhaḥ saṃbhavati ॥

아홉 번째 칸다 : 사람의 탄생과 죽음

1. [왕은 말했다.] "그러므로 다섯 번째 공물[인 정액]에서 물은 사람의 목소리를 가지게 됩니다. 그 태아는 열 달이나 아홉 달, 혹은 대략 그 정도 자궁 속에 누워 있다가 태어납니다."

iti tu pañcamyām āhutāv āpaḥ puruṣavacaso bhavantīti । sa ulbāvṛto garbho daśa vānava vā māsān antaḥ śayitvā yāvad vātha jāyate ॥

2. [왕은 말했다.] "그는 태어나서 자신의 수명만큼 삽니다. [그러면] 그 [사람]들은 [그를] 죽은 자를 위해 지정된 장소, 즉 그가 왔던 곳이고, 태어났던 곳인 불로 데리고 갑니다."
sa jāto yāvad āyuṣaṃ jīvati । taṃ pretaṃ diṣṭam ito 'gnaya eva haranti yata eveto yataḥ saṃbhūto bhavati ॥

열 번째 칸다 : 죽은 사람이 가는 곳

1. [왕은 말했다.] "이와 같은 것을 알고서, 숲속에서 고행을 믿음이라고 숭배하는 사람들, 그들은 [화장터의] 불 속으로 가며, 그 불로부터 낮에게로, 낮[의 하루]로부터 커지는 달[의 보름]에게로, 커지는 달[의 보름]으로부터 [해가] 북쪽에 있는 동안의 여섯달에게로 [갑니다]."
tad ya itthaṃ viduḥ । ye ceme 'raṇye śraddhā tapa ity upāsate । te 'rciṣam abhisaṃbhavanti । arciṣo 'haḥ । ahna āpūryamāṇapakṣam । āpūryamāṇapakṣād yān ṣaḍ udaṅṅ eti māsāṃs tān ॥

2. [왕은 말했다.] "그 [여섯] 달들로부터 일 년에게로, 일 년으로부터 해에게로, 해로부터 달에게로, 달로부터 번개에게로 갑니다. [그러면] 인간이 아닌 그 사람, 그 [사람]은 그들을 브라만에게로 데리고 갑니다. 이것이 신들에게로 가는 길입니다.[075]"
māsebhyaḥ saṃvatsaram । saṃvatsarād ādityam । ādityāc

candramasam । candramaso vidyutam । tat puruṣo 'mānavaḥ । sa enān brahma gamayati । eṣa devayānaḥ panthā iti ॥

3. [왕은 말했다.] "그러나 마을에서 지내는 제사를 보시라고 숭배하는 사람들, 그들은 [화장터의] 연기 속으로 갑니다. [그런 후] 연기로부터 밤에게로, 밤으로부터 한 달의 뒤쪽 보름에게로,[076] 한 달의 뒤쪽 보름으로부터 [해가] 남쪽에 있는 동안의 여섯 달에게로 갑니다. [그러나] 그들은 일 년에 도달하지 못합니다."
atha ya ime grāma iṣṭāpūrte dattam ity upāsate । te dhūmam abhisaṃbhavanti । dhūmād rātrim । rātrer aparapakṣam । aparapakṣād yān ṣaḍ dakṣiṇaiti māsāṃs tān । naite saṃvatsaram abhiprāpnuvanti ॥

4. [왕은 말했다.] "[그들은] 그 [여섯] 달로부터 조상들의 세계로, 그 조상들의 세계에서 허공으로, 허공으부터 달로 갑니다. [달]은 소마왕이고, 그것은 신들의 음식입니다. 신들은 그 [소마왕]을 먹습니다."
māsebhyaḥ pitṛlokam । pitṛlokād ākāśam । ākāsāc candramasam । eṣa somo rājā । tad devānām annam । taṃ devā bhakṣayanti ॥

5. [왕은 말했다.] "그들은 [업이] 남아 있는 동안 그곳에 머물고 나서, [그들이 왔던] 바로 그 길을 다시 돌아갑니다. [그들은] 허공 속으로 [가고], 허공에서 바람으로 갑니다. [그들은] 바람이 되고난 후에 연기가 됩니다. [그들은] 연기가 되고난 후에 안개가 됩니다."
tasmin yavāt saṃpātam uṣitvāthaitam evādhvānaṃ punar nivartante । ākāśam । ākāśād vāyum । vāyur bhūtvā dhūmo bhavati । dhūmo bhūtvābhraṃ bhavati ॥

6. [왕은 말했다.] "[그들은] 안개가 되고 난 후에 구름이 됩니다. [그들은] 구름이 되고 난 후에 비가 되어 내려 옵니다. 그들은 여기서 쌀과 보리, 풀과 나무, 참깨와 콩으로 들어갑니다. 그런데 그때부터 [그들은] 벗어나기가 힘듭니다. 왜냐하면 누군가가 음식을 먹고 정액을 방사하면, 그는 존재가 되기 때문입니다."

abhraṃ bhūtvā megho bhavati । megho bhūtvā pravarṣati । ta iha vrīhiyavā oṣadhivanaspatayas tilamāsā iti jāyante 'to vai khalu durniṣprapataram । yo yo hy annam atti yo retaḥ siñcati tad bhūya eva bhavati ॥

7. [왕은 말했다.] "그런데 이 [세상]에서 좋은 행위를 한 자, 그들은 바라문 [여인]의 자궁, 크샤트리야 [여인]의 자궁, 바이샤 [여인]의 자궁 등과 같은 좋은 자궁으로 들어갈 것입니다. 그러나 여기서 나쁜 행위를 한 자, 그들은 암캐의 자궁, 암돼지의 자궁, 찬달라 [여인]의 자궁 등과 같은 나쁜 자궁으로 들어갈 것입니다."

tad ya iha ramaṇīyacaraṇā abhyāśo ha yat te ramaṇīyāṃ yonim āpadyeran brāhmaṇayoniṃ vā kṣatriyayoniṃ vā vaiśyayoniṃ vā । atha ya iha kapūyacaraṇā abhyāśo ha yat te kapūyāṃ yonim āpadyerañ śvayonim vā sūkarayoniṃ vā caṇḍālayoniṃ vā ॥

8. [왕은 말했다.] "그러나 아주 작고 반복해서 태어나는 존재들은[077] 그 두 길 가운데 어디에도 존재하지 않습니다. 그것들은 태어나면 금방 죽는 세 번째 상태입니다. 그래서 저 세계는 채워지지 않는 것입니다. 그러므로 [사람은 자신을] 보호해야 하는 것입니다. 여기 다음과 같은 게송이 있습니다."

athaitayoḥ pathor na katareṇacana tānīmāni kṣudrāṇy asakṛdāvartīni bhūtāni bhavanti jāyasva mriyasveti । etat tṛtīyaṃ sthānam । tenāsau loko na saṃpūryate । tasmāj jugupseta । tad eṣa ślokaḥ ॥

9. 황금을 훔치는 자, 술을 마시는 자,
스승의 침대에서 자는 자, 바라문을 죽이는 자,
그들 넷은 [나쁜 곳으로] 떨어지며, 다섯 번째도 그들과 함께 간다.
steno hiraṇyasya surāṃ pibaṃś ca ।
guros talpam āvasan brahmahā ca ।
ete patanti catvāraḥ pañcamaś cācaraṃs tair iti ॥

10. [왕은 말했다.] "[그러나] 이 다섯 종류의 불들을 아는 자, 그는 그런 [나쁜] 자들과 함께 있어도 악에 물들지 않습니다. 이것을 아는 자, 이것을 아는 자, 그는 청정하고 깨끗한 세계로 갑니다."
atha ha ya etān evaṃ pañcāgnīn veda na saha tair apy ācaran pāpmanā lipyate । śuddhaḥ pūtaḥ puṇyaloko bhavati ya evaṃ veda ya evaṃ veda ॥

열한 번째 칸다 : 아슈바파티 이야기[078]

1. 프라찌나샤라 아우파마냐바, 사트야야즈냐 파우루쉬, 인드라디윰나 발라베야, 자나 샤르카라크샤, 부디라 아슈바타라슈비스, 이 다섯 명의 베다의 가르침에 능통한 위대한 가장(家長)들은 함께 모여서 이렇게 생각하였다. '무엇이 우리들의 아트만인가? 무엇이 브라만인가?'
prācīnaśāla aupamanyavaḥ satyayajñaḥ pauluṣir indradyumno

bhāllaveyo janaḥ śārkarākṣyo buḍila āśvatarāśvis te haite mahāśālā mahāśrotriyāḥ sametya mīmāṃsāṃ cakruḥ । ko na ātmā kiṃ brahmeti ॥

2. 그들은 [함께 모여 이렇게] 말했다. "존자 웃다라카 아루니는 [우주에] 편재하는 아트만에 도달했습니다. 그에게로 갑시다." 그리하여 그들은 [웃다라카 아루니]에게로 갔다.

te ha saṃpādayāṃ cakruḥ। uddālako vai bhagavanto 'yam āruṇiḥ saṃpratīmam ātmānaṃ vaiśvānaram adhyeti । taṃ hantābhyāgacchāmeti । taṃ hābhyājagmuḥ ॥

3. [그러자 웃다라카 아루니]는 [이렇게] 생각하였다. '베다의 가르침에 능통한 저 위대한 가장(家長)들은 나에게 [아트만에 대하여] 질문할 것이다. [그러나] 나는 그 [질문들] 모두를 답변할 수 없을지도 모른다. 그러니 나는 다른 [사람을] 말해야겠다.'

sa ha saṃpādayāṃ cakāra । prakṣyanti māṃ ime mahāśālā mahāśrotriyāḥ । tebhyo na sarvam iva pratipatsye । hantāham anyam abhyanuśāsānīti ॥

4. [웃다라카 아루니]는 그들에게 말했다. "존자 아슈바파티 카이케야는 [우주에] 편재하는 아트만에 도달했습니다. 그에게로 갑시다." 그래서 그들은 [아슈바파티 카이케야]에게 갔다.

tān hovāca । aśvapatir vai bhagavanto 'yaṃ kaikeyaḥ saṃpratīmam ātmānaṃ vaiśvānaram adhyeti । taṃ hantābhyāgacchāmeti । taṃ hābhyājagmuḥ ॥

5. [아슈바파티 카이케야]는 그들이 도착하자, [그들에게] 각각 예의를 갖

추었다. 그는 [다음날] 아침이 되자 [게송으로] 말했다.
tebhyo ha prāptebhyaḥ pṛthag arhāṇi kārayāṃ cakāra । sa ha prātaḥ saṃjihāna uvāca ।

나의 왕국에는 도둑도 없고, 슬픔도 없고, 주정뱅이도 없습니다.
아그니의 제단이 없는 자도 없고, 무지한 자도 없고, 부정한 남자도 없고, 부정한 여자도 없습니다.
na me steno janapade na kadaryo na madyapaḥ।
nānāhitāgnir nāvidvān na svairī svairiṇī kutaḥ।

[아슈바파티 카이케야는 다시] 말했다. "여러분, 나는 제사를 지내려고 합니다. 나는 [제사를 지내는] 각각의 바라문에게 돈을 주고, 존자들에게도 그만큼의 돈을 주겠습니다. 여기 머물러 주십시오."
yakṣyamāṇo vai bhagavanto 'ham asmi । yāvad ekaikasmā ṛtvije dhanaṃ dāsyāmi tāvad bhagavadbhyo dāsyāmi । vasantu bhagavanta iti ॥

6. 그러자 그 [다섯 사람]은 [이렇게] 말했다. "만약 어떤 사람이 목적을 가지고 있다면 그는 그것을 말할 것입니다. 당신은 [우주에] 편재하는 아트만에 대해서 명상했습니다. 그 [아트만]에 대해서 우리에게 말해 주십시오."
te hocuḥ । yena haivārthena puruṣaś caret taṃ haiva vadet । ātmānam evemaṃ vaiśvānaraṃ saṃpraty adhyeṣi । tam eva no brūhīti ॥

7. 그러자 그 [아슈바파티 카이케야]가 그들에게 말했다. "나는 [그것을]

내일 아침에 당신들에게 말하겠습니다." 그러자 그 [다섯 사람]은 다음 날 아침에 손에 연료를 들고서 들어왔다.[079] 그러나 그 [아슈바파티 카이케야]는 그들을 [제자로] 받아들이지 않고서 다음과 같이 말했다.
tān hovāca । prātar vaḥ prativaktāsmīti । te ha samitpāṇayaḥ pūrvāhṇe praticakramire । tān hānupanīyaivaitad uvāca ॥

열두 번째 칸다 : 하늘과 아트만

1. "아우파마냐바여, 당신은 무엇을 아트만이라고 숭배합니까?" [그러자 아우파마냐바]는 말했다. "왕이여, 하늘입니다."
그러자 [아슈바파티 카이케야]는 말했다. "그 [우주에] 편재하는 아트만은 그대가 아트만이라고 숭배하는 [하늘]처럼 밝게 빛나는 것입니다. 그러므로 당신의 집에서 소마의 압착, 소마의 끊임없는 압착, 소마의 압착 방법이 보여지는 것입니다."
aupamanyava kaṃ tvam ātmānam upāssa iti । divam eva bhagavo rājann iti hovāca । eṣa vai sutejā ātmā vaiśvānaro yaṃ tvam ātmānam upāsse । tasmāt tava sutaṃ prasutam āsutaṃ kule dṛśyate ॥

2. [아슈바파티 카이케야]는 계속해서 말했다. "당신은 음식을 먹으며, 아름다운 것을 봅니다. [그러면] 그 [아트만]도 음식을 먹으며, 아름다운 것을 봅니다. [우주에] 편재하는 아트만을 그렇게 숭배하는 자의 가정에는 신성한 영광이 있습니다. 그러나 그것은 다만 아트만의 머리일 뿐입니다. [그러므로] 만일 당신이 나에게 오지 않았다면 당신의 머리는 떨어져 나갔을 것입니다."

atsy annaṃ paśyasi priyam । atty annaṃ paśyati priyam bhavaty asya brahmavarcasaṃ kule ye etam evam ātmānaṃ vaiśvānaram upāste । mūrdhā tv eṣa ātmana iti hovāca । mūrdhā te vyapatiṣyad yan māṃ nāgamiṣya iti ॥

열세 번째 칸다 : 태양과 아트만

1. 그러자 [아슈바파티 카이케야]는 사티야야즈냐 파우루쉬에게 말했다. "프란치나요갸여, 당신은 무엇을 아트만이라고 숭배합니까?" [사티야야즈냐 파우루쉬]는 말했다. "왕이여, 태양입니다."
그러자 [아슈바파티 카이케야]는 말했다. "그 [우주에] 편재하는 아트만은 그대가 아트만이라고 숭배하는 [태양]처럼 다양한 모습입니다. 그러므로 당신의 집에서 수많은 다양한 모습들이 보여지는 것입니다."
atha hovāca satyayajñaṃ pauluṣim । prācīnayogya kaṃ tvam ātmānam upāssa iti । ādityam eva bhagavo rājann iti hovāca । eṣa vai viśvarūpa ātmā vaiśvānaro yaṃ tvam ātmānam upāste । tasmāt tava bahu viśvarūpaṃ kule dṛśyate ॥

2. [아슈바파티 카이케야는 계속해서 말했다.] "[그래서 당신의 집에서] 암노새가 끄는 마차, 여자 노예, 황금목걸이 등이 보여지는 것입니다. 당신은 음식을 먹으며, 즐거운 것을 봅니다. [그러면] 그 [아트만]도 음식을 먹으며 즐거운 것을 봅니다. [우주에] 편재하는 아트만을 그렇게 숭배하는 자의 가정에는 신성한 영광이 있습니다. 그러나 그것은 다만 아트만의 눈일 뿐입니다. [그러므로] 만일 당신이 나에게 오지 않았다면 당신은 장님이 되었을 것입니다."

pravṛtto 'śvatarīratho dāsī niṣkaḥ । atsy annaṃ paśyasi priyam । atty annaṃ paśyati priyaṃ bhavaty asya brahmavarcasaṃ kule ya etam evam ātmānaṃ vaiśvānaram upāste । cakṣuṣ ṭv etad ātmana iti hovāca । andho 'bhaviṣyo yan māṃ nāgamiṣya iti ॥

열네 번째 칸다 : 바람과 아트만

1. 그러자 [아슈바파티 카이케야]는 인드라듐나 발라베야에게 말했다. "바이야그라파드야여, 당신은 무엇을 아트만이라고 숭배합니까?" [인드라드윰나 발라베야]는 말했다. "왕이여, 바람입니다."
그러자 [아슈바파티 카이케야]는 말했다. "그 [우주에] 편재하는 아트만은 [바람]처럼 여러 가지 길을 가지고 있습니다. 그러므로 그대의 집에 여러 가지 공물이 오고, 여러 가지 마차들이 오는 것입니다."
atha hovācendradyumnaṃ bhāllaveyam । vaiyāghrapadya kaṃ tvam ātmānam upāssa iti । vāyum eva bhagavo rājann iti hovāca । eṣa vai pṛthagvartmātmā vaiśvānaro yaṃ tvam ātmānam upāsse । tasmāt tvāṃ pṛthag balaya āyanti pṛthag rathaśreṇayo 'nuyanti ॥

2. [아슈바파티 카이케야는 계속해서 말했다.] "당신은 음식을 먹으며, 즐거운 것을 봅니다. [그러면] 그 [아트만]도 음식을 먹으며 즐거운 것을 봅니다. [우주에] 편재하는 아트만을 그렇게 숭배하는 자의 가정에는 신성한 영광이 있습니다. 그러나 그것은 다만 아트만의 숨에 지나지 않습니다. 만일 당신이 나에게 오지 않았다면 당신의 숨은 끊어졌을 것입니다."
atsy annaṃ paśyasi priyam । atty annaṃ paśyati priyaṃ bhavaty

asya brahmavarcasaṃ kule ya etam evam ātmānaṃ vaiśvānaram upāste । prāṇas tv eṣa ātmana iti hovāca । prāṇas ta udakramiṣyad yan māṃ nāgamiṣya iti ॥

열다섯 번째 칸다 : 허공과 아트만

1. 그러자 [아슈바파티 카이케야]는 자나 샤르카라크샤에게 말했다. "샤르카라크샤여, 당신은 무엇을 아트만이라고 숭배합니까?" [샤르카라크샤]는 말했다. "왕이여, 허공입니다."
그러자 [아슈바파티 카이케야]는 말했다. "실로 [우주에] 편재하는 아트만은 당신이 아트만이라고 숭배하는 것처럼 풍성한 것입니다. 그러므로 당신은 자손과 부가 풍성해 지는 것입니다."
atha hovāca janaṃ śārkarākṣyam । śārkarākṣya kaṃ tvam ātmānam upāssa iti । ākāśam eva bhagavo rājann iti hovāca । eṣa vai bahula ātmā vaiśvānaro yaṃ tvam ātmānam upasse । tasmāt tvaṃ bahulo 'si prajayā ca dhanena ca ॥

2. [아슈바파티 카이케야]는 계속해서 말했다. "당신은 음식을 먹으며, 즐거운 것을 봅니다. [그러면] 그 [아트만]도 음식을 먹으며 즐거운 것을 봅니다. 우주적 아트만을 그렇게 숭배하는 자의 가정에는 신성한 영광이 있습니다. 그러나 그것은 다만 아트만의 몸통에 지나지 않습니다. 만일 당신이 나에게 오지 않았다면 당신의 몸통은 부서져 버렸을 것입니다."
atsy annaṃ paśyasi priyam । atty annaṃ paśyati priyaṃ bhavaty asya brahmavarcasaṃ kule ya etam evam ātmānaṃ vaiśvānaram

upāste । saṃdehas tv eṣa ātmana iti hovāca । saṃdehas te vyaśīryad yan māṃ nāgamiṣya iti ॥

열여섯 번째 칸다 : 물과 아트만

1. [아슈바파티 카이케야]는 부디라 아슈바타라슈비에게 말했다. "바이야그라파드야여, 당신은 무엇을 아트만이라고 숭배합니까?" [부디라 아슈바타라슈비]가 말했다. "왕이여, 물입니다."
그러자 [아슈바파티 카이케야] 왕이 말했다. "그 [우주에] 편재하는 아트만은 실로 당신이 아트만이라고 숭배하는 것처럼 부유한 것입니다. 그러므로 당신은 부유하고 번영하는 것입니다."
atha hovāca buḍilam āśvatarāśvim । vaiyāghrapadya kaṃ tvam ātmānam upāssa iti । apa eva bhagavo rājann iti hovāca । eṣa vai rayir ātmā vaiśvānaro yaṃ tvam ātmānam upāsse । tasmāt tvaṃ rayimān puṣṭimān asi ॥

2. [아슈바파티 카이케야는 계속해서 말했다.] "당신은 음식을 먹으며, 즐거운 것을 봅니다. [그러면] 그 [아트만]도 음식을 먹으며 즐거운 것을 봅니다. 우주적 아트만을 그렇게 숭배하는 자의 가정에는 신성한 영광이 있습니다. 그러나 그것은 다만 아트만의 방광에 지나지 않습니다. 만일 당신이 나에게 오지 않았다면 당신의 방광은 터져 버렸을 것입니다."
atsy annaṃ paśyasi priyam । atty annaṃ paśyati priyaṃ bhavaty asya brahmavarcasaṃ kule ya etam evam ātmānaṃ vaiśvānaram upāste । bastis tv eṣa ātmana iti hovāca । bastis te vyabhetsyad

yan māṃ nāgamiṣya iti ||

열일곱 번째 칸다 : 대지와 아트만

1. 그러자 [아슈바파티 카이케야]는 웃다라카 아루니에게 말했다. "가우타마여, 당신은 무엇을 아트만이라고 숭배합니까?" 그러자 [웃다라카 아루니]는 말했다. "왕이여, 대지입니다."
그러자 [아슈바파티 카이케야]는 말했다. "그 [우주에] 편재하는 아트만은 실로 당신이 아트만이라고 숭배하는 것처럼 토대입니다. 그러므로 당신은 자손과 소떼들에 의해서 지지되는 것입니다."
atha hovācoddālakam āruṇim | gautama kaṃ tvam ātmānam upassa iti | pṛthivīm eva bhagavo rājann iti hovāca | eṣa vai pratiṣṭhātmā vaiśvānaro yaṃ tvam ātmānam upāsse | tasmāt tvaṃ pratiṣṭhito 'si prajayā ca paśubhiś ca ||

2. [아슈바파티 카이케야는 계속해서 말했다.] "당신은 음식을 먹으며, 즐거운 것을 봅니다. [그러면] 그 [아트만]도 음식을 먹으며 즐거운 것을 봅니다. 우주적 아트만을 그렇게 숭배하는 자의 가정에는 신성한 영광이 있습니다. 그러나 그것은 다만 아트만의 두발에 지나지 않습니다. 만일 당신이 나에게 오지 않았다면 당신의 두 발은 말라 버렸을 것입니다."
atsy annaṃ paśyasi priyam | atty annaṃ paśyati priyaṃ bhavaty asya brahmavarcasaṃ kule ya etam evam ātmānaṃ vaiśvānaram upāste | pādau tv etāv ātmana iti hovāca | pādau te vyamlāsyetāṃ yan māṃnāgamiṣya iti ||

열여덟 번째 칸다 : 아트만의 진실

1. [아슈바파티 카이케야]는 그들에게 말했다. "당신들은 [우주에] 편재하는 아트만이 분리되는 어떤 것이라고 알면서 음식을 먹습니다. 그러나 [우주에] 편재하는 아트만을 [모든 것을 재는] 척도라고, 혹은 분별없는 것이라고 생각하는 자, 그는 모든 세계 속에서, 모든 존재 속에서, 모든 사람들 속에서 음식을 먹습니다."

tān hovāca ǀ ete vai khalu yūyaṃ pṛthag ivemam ātmānaṃ vaiśvānaraṃ vidvāṃso 'nnam attha ǀ yas tv etam evaṃ prādeśamātram abhivimānam ātmānaṃ vaiśvānaram upāste ǀ sa sarveṣu lokeṣu sarveṣu bhūteṣu sarveṣv ātmasv annam atti ǁ

2. [그런 후 아슈바파티 카이케야는 이렇게 말하고 나서 말을 마쳤다.] "실로 밝게 빛나는 [하늘]은 그 [우주에] 편재하는 아트만의 머리입니다. 다양한 모습의 [태양]은 [그 아트만의] 눈입니다. 여러 통로를 가지고 있는 [바람]은 [그 아트만의] 숨입니다. 팽창된 [공간]은 [그 아트만의] 몸입니다. 부(富), 즉 [물]은 [그 아트만의] 방광입니다. 대지는 [그 아트만의] 두 발입니다. 제사의 영역은 [그 아트만의] 가슴입니다. 제사의 풀들은 [그 아트만의] 머리카락입니다. 가르하파티야 불은 [그 아트만의] 심장입니다. 안바하르야파차나 불은 [그 아트만의] 마음입니다. 아하바니야 불은 [그 아트만의] 입입니다."

tasya ha vā etasyātmano vaiśvānarasya mūrdhaiva sutejāś cakṣur viśvarūpaḥ prāṇaḥ pṛthagvartmātmā saṃdeho bahulo bastir eva rayiḥ pṛthivy eva pādāv ura eva vedir lomāṇi barhir hṛdayaṃ gārhapatyo mano 'nvāhāryapacana āsyam āhavanīyaḥ॥

열아홉 번째 칸다 : 프라나 숨에게 바치는 불의 제사

1. 사람은 첫 번째로 얻어지는 음식을 [이렇게] 제사지내야 한다. 그는 '프라나 숨이여, 만세!'라고 말하면서 첫 번째 공물을 불에 바쳐야 한다. [그러면] 프라나 숨은 충족된다.

tad yad bhaktaṃ prathamam āgacchet tadhomīyam। sa yāṃ prathamām āhutiṃ juhuyāt tāṃ juhuyāt prāṇāya svāheti। prāṇas tṛpyati॥

2. 프라나 숨이 충족되면 눈이 충족된다. 눈이 충족되면 해가 충족된다. 해가 충족되면 하늘이 충족된다. 하늘이 충족되면 하늘과 해가 다스리는 모든 것들이 충족된다. 그것들이 충족되면, 그는 자손, 가축, 음식, 신성한 지식의 불꽃으로 충족된다.

prāṇe tṛpyati cakṣus tṛpyati। cakṣuṣi tṛpyaty ādityas tṛpyati। āditye tṛpyati dyaus tṛpyati। divi tṛpyantyāṃ yat kiṃca dyauś cādityaś cādhitiṣṭhatas tat tṛpyati। tasyānutṛptiṃ tṛpyati prajayā paśubhir annādyena tejasā brahmavarcaseneti॥

스무 번째 칸다 : 브야나 숨에게 바치는 불의 제사

1. 그런 후에 그는 '브야나 숨이여 만세!'라고 말하면서 두 번째 [공물]을 불에 바쳐야 한다. [그러면] 브야나 숨은 충족된다.
atha yāṃ dvitīyāṃ juhuyāt tāṃ juhuyād vyānāya svāheti । vyānas tṛpyati ॥

2. 브야나 숨이 충족되면 귀가 충족된다. 귀가 충족되면 달이 충족된다. 달이 충족되면 하늘의 방위들이 충족된다. 하늘의 방위들이 충족되면 달과 하늘의 방위들이 다스리는 모든 것들이 충족된다. 그것들이 충족되면, 그는 자손, 가축, 음식, 신성한 지식의 불꽃으로 충족된다.
vyāne tṛpyati śrotraṃ tṛpyati । śrotre tṛpyati candramās tṛpyati । candramasi tṛpyati diśas tṛpyanti । dikṣu tṛpyantīṣu yat kiṃca diśaś candramāś cādhitiṣṭhanti tat tṛpyati । tasyānutṛptiṃ tṛpyati prajayā paśubhir annādyena tejasā brahmavarcaseneti ॥

스물한 번째 칸다 : 아파나 숨에게 바치는 불의 제사

1. 그런 후에 그는 '아파나 숨이여 만세!'라고 말하면서 세 번째 [공물]을 불에 바쳐야 한다. [그러면] 아파나 숨은 충족된다.
atha yāṃ tṛtīyāṃ juhuyāt tāṃ juhuyād apānāya svāheti । apānas tṛpyati ॥

2. 아파나 숨이 충족되면 말이 충족된다. 말이 충족되면 불이 충족된다. 불이 충족되면 대지가 충족된다. 대지가 충족되면 대지와 불이 다스리는 모든 것들이 충족된다. 그것들이 충족되면 그는 자손, 가축, 음식, 신성한 지식의 불꽃으로 충족된다.

apāne tṛpyati vāk tṛpyati । vāci tṛpyantyām agnis tṛpyati । agnau tṛpyati pṛthivī tṛpyati । pṛthivyāṃ tṛpyantyāṃ yat kiṃ ca pṛthivī cāgniś cādhitiṣṭhatas tat tṛpyati । tasyānutṛptiṃ tṛpyati prajayā paśubhir annādyena tejasā brahmavarcaseneti ॥

스물두 번째 칸다 : 사만나 숨에게 바치는 불의 제사

1. 그런 후에 그는 '사만나 숨이여 만세!'라고 말하면서 네 번째 [공물]을 불에 바쳐야 한다. [그러면] 사만나 숨은 충족된다.

atha yāṃ caturthīṃ juhuyāt tāṃ juhuyāt samānāya svāheti । samānas tṛpyati ॥

2. 사만나 숨이 충족되면 마음이 충족된다. 마음이 충족되면 비가 충족된다. 비가 충족되면 번개가 충족된다. 번개가 충족되면 비와 번개가 다스리는 모든 것들이 충족된다. 그것들이 충족되면 그는 자손, 가축, 음식, 신성한 지식의 불꽃으로 충족된다.

samāne tṛpyati manas tṛpyati । manasi tṛpyati parjanyas tṛpyati । parjanye tṛpyati vidyut tṛpyati । vidyuti tṛpyantyāṃ yat kiṃ ca vidyuc ca parjanyaś cādhitiṣṭhatas tat tṛpyati । tasyānutṛptiṃ tṛpyati prajayā paśubhir annādyena tejasā brahmavarcaseneti ॥

스물세 번째 칸다 : 우다나 숨에게 바치는 불의 제사

1. 그런 후에 그는 '우다나 숨이여 만세!'라고 말하면서 다섯 번째 [공물]을 불에 바쳐야 한다. [그러면] 우다나 숨은 충족된다.

atha yām pañcamīṃ juhuyāt tāṃ juhuyāt udānāya svāheti । udānas tṛpyati ॥

2. 우다나 숨이 충족되면 천둥이 충족된다. 천둥이 충족되면 바람이 충족된다. 바람이 충족되면 허공이 충족된다. 허공이 충족되면 바람과 허공이 다스리는 모든 것들이 충족된다. 그것들이 충족되면 그는 자손, 가축, 음식, 신성한 지식의 불꽃으로 충족된다.

udāne tṛpyati tvak tṛpyati tvaci tṛpyantyāṃ vāyus tṛpyati । vāyau tṛpyaty ākāśas tṛpyati । ākāśe tṛpyati yat kiṃca vāyuś cākāśaś cādhitiṣṭhatas tat tṛpyati । tasyānutṛptiṃ tṛpyati prajayā paśubhir annādyena tejasā brahmavarcaseneti ॥

스물네 번째 칸다 : 무지한 자와 지혜로운 자의 제사

1. 그런데 그와 같은 것을 모르고 아그니 호트라 제사를 지내는 사람, 그는 불타고 있는 석탄을 버리고, [불이 없는] 잿더미에 제사를 지내는 것과 같다.

sa ya idam avidvān agnihotraṃ juhoti yathāṅgārān apohya

bhasmani juhuyāt tādṛk tat syāt ॥

2. 그런데 그와 같은 것을 알고 아그니 호트라 제사를 지내는 사람, 그의 공물은 모든 세계들에게로, 모든 존재들에게로, 모든 사람들에게로 가게 된다.

atha ya etad evaṃ vidvān agnihotraṃ juhoti tasya sarveṣu lokeṣu sarveṣu bhūteṣu sarveṣv ātmasu hutaṃ bhavati ॥

3. 그리고 그와 같은 것을 알면서 아그니 호트라 제사를 지내는 사람, 그의 모든 악(惡)들은 마치 불 위에 놓여진 갈대가 타는 것처럼 태워진다.

tad yatheṣīkātūlam agnau protaṃ pradūyetaivaṃ hāsya sarve pāpmānaḥ pradūyante ya etad evaṃ vidvān agnihotraṃ juhoti ॥

4. 그러므로 만약 그와 같은 것을 아는 자가 제사에서 남은 [공물]들을 찬달라에게 준다고 해도, 그것은 우주적 아트만에게 [공물을] 바치는 것과 같다. 여기 다음과 같은 게송이 있다.

tasmād u haivaṃvid yady api caṇḍālāya ucchiṣṭaṃ prayacchet ।
ātmani haivāsya tad vaiśvānare hutaṃ syād iti । tad eṣa ślokaḥ॥

5. 배고픈 아이들이 어머니의 주변에 둘러 앉는 것처럼,
모든 중생들은 아그니 호트라 제사의 주변에 둘러 앉는다.

yatheha kṣudhitā bālā mātaraṃ paryupāsate ।
evaṃ sarvāṇi bhūtāny agnihotram upāsata ॥

여섯 번째 프라파타카

아트만에 대한 우다라카의 가르침

여섯 번째 프라파타카 : 아트만에 대한 우다라카의 가르침

첫 번째 칸다 : 모든 것을 알도록 하는 가르침

1. [옛날에] 슈베타케투 아루네야가 있었다. [그의 아버지는 웃다라카 아루니였다.] 아버지는 그 [슈베타케투]에게 말했다. "슈베타케투야, 너는 신성한 지식을 공부하는 학생의 삶을 살도록 해라. 우리 집안에 브라만과 관련된 것을 공부하지 않은 사람은 없었단다."

śvetaketur hāruṇeya āsa । taṃ ha pitovāca śvetaketo vasa brahmacaryam । na vai somyāsmat kulīno 'nanūcya brahmabandhur iva bhavatīti ॥

2. [그리하여 슈베타케투]는 12살에 [신성한 지식을 공부하는 학생이 되었고] 24살이 되자 베다를 모두 배우고 공부했다고 교만심을 가지고 뽐내면서 돌아왔다. 그러자 그의 아버지는 그에게 말했다.

sa ha dvādaśavarṣa upetya caturviṃśativarṣaḥ sarvān vedān adhītya mahāmanā anūcānamānī stabdha eyāya । taṃ ha pitovāca ॥

3. "슈베타케투야, 너는 지금 [베다를 모두] 공부했다고 교만심을 가지고 뽐내고 있구나. 그렇다면 너는 그것에 의해서 듣지 못했던 것을 듣게 되고, 생각하지 못했던 것을 생각하게 되고, 알지 못했던 것을 알게 되는 그런 [가르침]에 대하여 [스승에게] 물어 보았느냐?" [그러자 슈베타케투가 말했다.] "아버님, 어떻게 그런 가르침이 있겠습니까?"

śvetaketo yan nu somyedaṃ mahāmanā anūcānamānī stabdho 'si । uta tam ādeśam aprākṣyaḥ yenāśrutaṃ śrutaṃ bhavaty amataṃ matam avijñātaṃ vijñātam iti । kathaṃ nu bhagavaḥ sa ādeśo bhavatīti ॥

4. [아버지가 말했다.] "아들아, 한 조각의 진흙에 의해서 진흙으로 만들어진 모든 것이 알려지는 것과 같다. [거기서] 달라진 것은 언어와 명칭일 뿐이고, 진흙이라고 하는 것이 바로 [진흙으로 만들어진 모든 것의] 진실이다."

yathā somyaikena mṛtpiṇḍena sarvaṃ mṛnmayaṃ vijñātaṃ syāt । vācārambhaṇaṃ vikāro nāmadheyaṃ mṛttikety eva satyam ॥

5. [아버지가 다시 말했다.] "아들아, 하나의 구리 장식에 의해서 구리로 만들어진 모든 것이 알려지는 것과 같다. [거기서] 달라진 것은 언어와 명칭일 뿐이고, 구리라고 하는 것이 바로 [구리로 만들어진 모든 것의] 진실이다."

yathā somyaikena lohamaṇinā sarvaṃ lohamayaṃ vijñātaṃ syāt । vācārambhaṇaṃ vikāro nāmadheyaṃ loham ity eva satyam ॥

6. [아버지가 다시 말했다.] "아들아, 하나의 손톱깎이 가위에 의해서 쇠로 만들어진 모든 것이 알려지는 것과 같다. [거기서] 달라진 것은 언

어와 명칭일 뿐이고, 쇠라고 하는 것이 바로 [쇠로 만들어진 모든 것의] 진실이다. 아들아, 이와 같은 것이 그런 가르침이다."

yathā somyaikena nakhanikṛntanena sarvaṃ kārṣṇāyasaṃ vijñātaṃ syāt । vācārambhaṇaṃ vikāro nāmadheyaṃ kṛṣṇāyasam ity eva satyam । evaṃ somya sa ādeśo bhavatīti ॥

7. 아들이 말했다. "[저를 가르쳤던] 스승님들은 그런 [가르침]을 몰랐을 것입니다. 만일 그들이 그런 [가르침]을 알았다면, 어째서 저에게 말하지 않았겠습니까? 그러니 아버님, 저에게 그 [가르침]을 말해 주십시오."[아버지]는 말했다. "아들아, 그렇게 해야겠구나."

na vai nūnaṃ bhagavantas ta etad avediṣuḥ । yaddhy etad avediṣyan kathaṃ me nāvakṣyan । iti bhagavāṃs tv eva me bravītv iti । tathā somyeti hovāca ॥

두 번째 칸다 : 하나의 존재로부터 세 요소의 발생

1. 아버지가 [슈베타케투에게] 말했다. "아들아, 태초에 [이 세계에는] 둘이 아닌 오직 하나의 존재만이 있었다. 그런데 어떤 사람들은 '태초에 [이 세계에는] 둘이 아닌 오직 하나의 비존재(非存在)만이 있었다. 그 비존재로부터 존재가 생겨났다.'라고 말한다.[080]"

sad eva somyedam agra āsīd ekam evādvitīyam । taddhaika āhur asad evedam agra āsīd ekam evādvitīyam । tasmād asataḥ saj jāyata ॥

2. [아버지는 계속해서] 말했다. "그러나 아들아, 어떻게 그럴 수가 있겠

느냐. 어떻게 비존재로부터 존재가 생겨날 수 있겠느냐? 아들아, 태초에 [이 세계에는] 실로 둘이 아닌 오직 하나의 존재만이 있었다."
kutas tu khalu somyaivaṃ syād iti hovāca | katham asataḥ saj jāyeta | sat tv eva somyedam agra āsīd ekam evādvitīyam ||

3. [아버지는 말했다.] "그 [하나의 존재]는 '나는 많아져야겠다. 나 자신을 생겨나게 하자.'라고 생각했다. 그리하여 그 [하나의 존재]는 열기를 뿜어냈다. 그 열기는 '나는 많아져야겠다. 나 자신을 생겨나게 하자.'라고 생각했다. [그리하여] 그 [열기]는 물기를 뿜어냈다. 그러므로 사람이 슬퍼할 때나 땀흘릴 때는 언제나 열기에서 물기가 생겨나는 것이다."[081]
tad aikṣata | bahu syāṃ prajāyeyeti | tat tejo 'sṛjata | tat teja aikṣata | bahu syāṃ prajāyeyeti | tad apo 'sṛjata | tasmād yatra kva ca śocati svedate vā puruṣas tejasa eva tad adhy āpo jāyante ||

4. [아버지는 말했다.] "그 물기는 '나는 많아져야겠다. 나 자신을 생겨나게 하자.'라고 생각했다. 그리하여 그 [물기]는 음식을 뿜어냈다. 그러므로 언제나 비가 오면 음식이 많아지는 것이다. 그러므로 먹는 음식은 물기로부터 생겨나는 것이다."
tā apa aikṣanta | bahvyaḥ syāṃa prajāyemahīti | tā annam asṛjanta | tasmād yatra kva ca varṣati tad eva bhūyiṣṭham annam bhavati | adbhya eva tad adhy annādyaṃ jāyate ||

세 번째 칸다 : 세 요소의 세 가지 전개

1. [아버지는 슈베타케투에게 다시 말했다.] "이 [세계의] 살아 있는 것들은 세 가지 원천으로부터 태어난다. 즉 알로부터 태어나거나, 태(胎)로부터 태어나거나, 싹으로부터 태어난다."

teṣāṃ khalv eṣāṃ bhūtānāṃ trīṇy eva bījāni bhavanty āṇḍajaṃ jīvajam udbhijjam iti ‖

2. [아버지는 말했다.] "그 신성한 [하나의 존재]는 생각했다. '나는 살아 있는 아트만으로서 세 가지 신성한 것들, [즉 열기, 물기, 음식] 속으로 들어가 [그것들을] 이름과 형태로[082] 나누어야겠다.'"

seyaṃ devataikṣata । hantāham imās tisro devatā anena jīvenātmanānupraviśya nāmarūpe vyākaravāṇīti ‖

3. [아버지는 말했다. "그 신성한 [하나의 존재]는 다시 이렇게 생각했다.] '그 [열기, 물기, 음식]들 각각을 셋으로 나누자.' 그리하여 그 신성한 [하나의 존재]는 살아있는 아트만으로서 그 세 가지 신성한 것들 속으로 들어가서 [그것들을] 이름과 형태로 나누었다."

tāsāṃ trivṛtaṃ trivṛtam ekaikāṃ karavāṇīti । seyaṃ devatemās tisro devatā anenaiva jīvenātmanānupraviśya nāmarūpe vyākarot ‖

4. [아버지는 계속해서 말했다.] "그 [신성한 하나의 존재]는 그 [열기, 물기, 음식]들 각각을 셋으로 만들었다. 아들아, [열기, 물기, 음식이라는] 이 세 가지 신성한 것들이 어떻게 [다시] 각각 셋으로 되는지 나로부터

들어 보아라."

tāsāṃ trivṛtaṃ trivṛtam ekaikām akarot । yathā tu khalu somyemās tisro devatās trivṛt trivṛd ekaikā bhavati tan me vijānīhīti ॥

네 번째 칸다 : 세계 속에서 발견되는 세 요소

1. [아버지는 말했다.] "불의 붉은 모습은 열기의 모습이며, [불의] 흰 [모습]은 물기의 [모습]이며, [불의] 검은 [모습]은 음식의 [모습]이다. [그렇게 해서] 불에서 불의 특징은 사라진다. [그럴 경우] 달라진 것은 말과 이름이며, [열기, 물기, 음식이라는] 그 세 가지 모습이야말로 진실이다."

yad agne rohitaṃ rūpaṃ tejasas tad rūpam । yac chuklaṃ tad apām । yat kṛṣṇaṃ tad annasya । apāgād agner agnitvam । vācārambhaṇaṃ vikāro nāmadheyaṃ trīṇi rūpāṇīty eva satyam ॥

2. [아버지는 계속해서 말했다.] "해의 붉은 모습은 열기의 모습이며, [해의] 흰 모습은 물기의 모습이며, [해의] 검은 모습은 음식의 모습이다. [그렇게 해서] 해에서 해의 특징은 사라진다. [그럴 경우] 달라진 것은 말과 이름이며, [열기, 물기, 음식이라는] 세 가지 모습들이야말로 진실이다."

yad ādityasya rohitaṃ rūpaṃ tejasas tad rūpam । yac chuklaṃ tad apām । yat kṛṣṇaṃ tad annasya । apāgād ādityād ādityatvam । vācārambhaṇaṃ vikāro nāmadheyaṃ trīṇi rūpāṇīty eva satyam ॥

3. [아버지는 계속해서 말했다.] "달의 붉은 모습은 열기의 모습이며, [달

의] 흰 모습은 물기의 모습이며, [달의] 검은 모습은 음식의 모습이다. [그렇게 해서] 달에서 달의 특징은 사라진다. [그럴 경우] 달라진 것은 말과 이름이며, [열기, 물기, 음식이라는] 세 가지 모습들이야말로 진실이다."

yac candramaso rohitaṃ rūpaṃ tejasas tad rūpam । yac chuklaṃ tad apām । yat kṛṣṇaṃ tad annasya । apāgāc candrāc candratvam । vācārambhaṇaṃ vikāro nāmadheyaṃ trīṇi rūpāṇīty eva satyam ॥

4. [아버지는 계속해서 말했다.] "번개의 붉은 모습은 열기의 모습이며, [번개의] 흰 모습은 물기의 모습이며, [번개의] 검은 모습은 음식의 모습이다. [그렇게 해서] 번개에서 번개의 특징은 사라진다. [그럴 경우] 달라진 것은 말과 이름이며, [열기, 물기, 음식이라는] 세 가지 모습들이야말로 진실이다."

yad vidyuto rohitaṃ rūpaṃ tejasas tad rūpam । yac chuklaṃ tad apām । yat kṛṣṇaṃ tad annasya । apāgād vidyuto vidyuttvam । vācārambhaṇaṃ vikāro nāmadheyaṃ trīṇi rūpāṇīty eva satyam ॥

5. [아버지는 말했다.] "실로 위대한 가장들과 위대한 학자들이 옛날 일에 대하여 말할 때 알고 있었던 것은 '이제 아무도 우리에게 들려지지 않았던 것, 생각되지 않았던 것, 이해되지 않았던 것을 말하지 않을 것이다.'라는 것이었다. 왜냐하면 그들은 [열기, 물기, 음식이라는] 이 [세 개의 모습]으로부터 [모든 것을] 알았기 때문이었다."

etaddha sma vai tad vidvāṃsa āhuḥ pūrve mahāśālā mahāśrotriyāḥ । na no 'dya kaścanāśrutam amatam avijñātam udāhariṣyati । iti hy ebhyo vidāṃ cakruḥ ॥

6. [아버지는 말했다.] "그들은 붉게 보이는 것이 열기의 모습이라는 것을 알았다. 그들은 희게 보이는 것이 물기의 모습이라는 것을 알았다. 그들은 검게 보이는 것이 음식의 모습이라는 것을 알았다."
yad u rohitam ivābhūd iti tejasas tad rūpam iti tad vidāṃ cakruḥ । yad u śuklam ivābhūd ity apāṃ rūpam iti tad vidāṃ cakruḥ । yad u kṛṣṇam ivābhūd ity annasya rūpam iti tad vidāṃ cakruḥ ॥

7. [아버지는 말했다.] "그들은 알려지지 않은 것처럼 보이는 것, 그것이 [열기, 물기, 음식이라는] 세 가지 신성한 것들의 결합이라고 하는 것을 알았다. 아들아, 그와 마찬가지로 이 신성한 것들이 어떻게 사람에게 와서 각각 세 가지 모습이 되는지를 나로부터 배우도록 해라."
yad avijñātam ivābhūd ity etāsām eva devatānāṃ samāsa iti tad vidāṃ cakruḥ । yathā nu khalu somyemās tisro devatāḥ puruṣaṃ prāpya trivṛt trivṛd ekaikā bhavati tan me vijānīhīti ॥

다섯 번째 칸다 : 사람 속에서 발견되는 세 요소 1

1. [아버지는 말했다.] "음식을 먹으면 세 부분으로 나누어진다. 그것의 거친 부분은 똥이 되며, 중간의 [부분]은 살이 되며, 가장 미세한 [부분]은 마음이 된다."
annam aśitaṃ tredhā vidhīyate । tasya yaḥ sthaviṣṭho dhātus tat purīṣaṃ bhavati । yo madhyamas tan māṃsam । yo 'ṇiṣṭhas tan manaḥ ॥

2. [아버지는 말했다.] "물기를 먹으면 세 부분으로 나누어진다. 그것의

거친 부분은 오줌이 되며, 중간의 [부분]은 피가 되며, 가장 미세한 [부분]은 숨이 된다."

āpaḥ pītās tredhā vidhīyante । tāsāṃ yaḥ sthaviṣṭho dhātus tan mūtraṃ bhavati । yo madhyamas tal lohitam । yo 'ṇiṣṭhaḥ sa prāṇaḥ ॥

3. [아버지는 말했다.] "열기를 먹으면 세 부분으로 나뉘어진다. 그것의 거친 부분은 뼈가 되며, 중간의 [부분]은 골수가 되며, 가장 미세한 [부분]은 목소리가 된다."

tejo 'śitaṃ tredhā vidhīyate । tasya yaḥ sthaviṣṭho dhātus tad asthi bhavati । yo madhyamaḥ sa majjā । yo 'ṇiṣṭhaḥ sā vāk ॥

4. [아버지는 말했다.] "마음은 음식으로 만들어져 있으며, 숨은 물기로 만들어져 있으며, 목소리는 열기로 만들어져 있기 때문이다." [그러자 아들이 말했다.] "아버지, 저에게 더 많이 가르쳐 주십시오." [아버지가 말했다.] "아들아, 그렇게 하겠다."

annamayaṃ hi somya manaḥ । āpomayaḥ prāṇaḥ । tejomayī vāg iti । bhūya eva mā bhagavān vijñāpayatv iti । tathā somyeti hovāca ॥

여섯 번째 칸다 : 사람 속에서 발견되는 세 요소 2

1. [아버지는 말했다.] "아들아, 응고된 우유를 저으면 그것의 가장 미세한 요소는 위로 올라오며, 그것은 맑은 버터가 된다."

dadhnaḥ somya mathyamānasya yo 'ṇimāsa ūrdhvaḥ samudīṣati ।

tat sarpir bhavati ǁ

2. [아버지는 말했다.] "아들아, 그와 같이 음식을 먹으면 그것의 가장 미세한 요소는 위로 올라오며, 그것은 마음이 된다."
evam eva khalu somyānnasyāśyamānasya yo 'ṇimā sa ūrdhvaḥ samudīṣati । tan mano bhavati ǁ

3. [아버지는 말했다.] "아들아, 물기를 먹으면 그것의 가장 미세한 요소는 위로 올라오며, 그것은 숨이 된다."
apāṃ somya pīyamānānāṃ yo 'ṇimā sa ūrdhvaḥ samudīṣati । sā prāno bhavati ǁ

4. [아버지는 말했다.] "아들아, 열기를 먹으면 그것의 가장 미세한 요소는 위로 올라오며, 그것은 목소리가 된다."
tejasaḥ somyāśyamānasya yo 'ṇimā sa ūrdhvaḥ samudīṣati । sā vāg bhavati ǁ

5. [아버지는 말했다.] "마음은 음식으로 만들어져 있으며, 숨은 물기로 만들어져 있으며, 목소리는 열기로 만들어져 있기 때문이다." [그러자 아들이 말했다.] "아버지, 저에게 더 많은 것을 가르쳐 주십시오." [아버지가 말했다.] "아들아, 그렇게 하자."
annamayaṃ hi somya manaḥ । āpomayaḥ prāṇaḥ । tejomayī vāg iti । bhūya eva mā bhagavān vijñāpayatv iti । tathā somyeti hovāca ǁ

일곱 번째 칸다 : 사람 속에서 발견되는 세 요소 3

1. [아버지는 말했다.] "아들아, 사람은 16개의 부분들로 이루어져 있다. 15일 동안 [음식을] 먹지 말고, 물만 마음대로 마셔라. [그래도] 물기로 만들어진 숨은 물을 마시는 사람에게서 떠나지 않을 것이다."
ṣoḍaśakalaḥ somya puruṣaḥ । pañcadaśāhāni mā 'śīḥ । kāmam apaḥ piba । āpomayaḥ prāṇo na pibato vicchetsyata iti ॥

2. 그러자 아들은 15일 동안 [음식을] 먹지 않았다. 그런 후에 그는 [아버지]에게 와서 말했다. "아버지, 제가 무엇을 말할까요?" [그러자] 아버지가 말했다. "아들아, 리그의 게송들과 야주르의 법전들과 사만의 찬가들을 [말해보아라]." [그러자] 아들이 말했다. "아버지, 그것들은 내 마음에 떠 오르지 않습니다."
sa ha pañcadaśāhāni nāśa । atha hainam upasasāda kiṃ bravīmi bho iti । ṛcaḥ somya yajūṃṣi sāmānīti । sa hovāca na vai mā pratibhānti bho iti ॥

3. 그러자 [아버지]는 그에게 말했다. "아들아, 큰 불에서 개똥벌레만한 석탄 하나만 남겨지게 되면, 그럴 경우에 [그 불이] 더 크게 타지 못하는 것처럼, 아들아, 그와 같이 너의 16개의 부분들 가운데 하나만 남겨지게 되면, 그럴 경우에 너는 베다들을 알지 못하게 될 것이다. 이제 [음식을] 먹어라. 그러면 나에게서 [진실을] 배우게 될 것이다."
taṃ hovāca yathā somya mahato 'bhyāhitasyaiko 'ṅgāraḥ khadyotamātraḥ pariśiṣṭaḥ syāt । tena tato 'pi na bahu dahet । evaṃ somya te ṣoḍaśānāṃ kalānām ekā kalā atiśiṣṭā syāt ।

tayaitarhi vedān nānubhavasi । aśāna । atha me vijñāsyasīti ॥

4. 그러자 그는 [음식을] 먹은 후 [아버지에게] 갔다. [그러자] 그는 아버지가 묻는 것을 모두 답변하였다.
sa hāśa । atha hainam upasasāda । taṃ ha yat kiṃ ca papraccha sarvaṃ ha pratipede ॥

5. 그러자 아버지는 아들에게 말했다. "큰 불에서 개똥벌레만한 석탄 하나만 남겨졌을때, 그것을 풀로 덮어서 타게 하면 다시 [불이] 크게 타오르는 것처럼,"
taṃ hovāca । yathā somya mahato 'bhyāhitasyaikam aṅgāraṃ khadyotamātraṃ pariśiṣṭaṃ taṃ tṛṇair upasamādhāya prājvalayet tena tato 'pi bahu dahet ॥

6. [아버지는 계속해서 말했다.] "아들아, 그와 같이 [너는 음식을 먹지 않고서] 너의 16개의 부분들 가운데 한 부분만 남도록 했다. 그것은 음식으로 불을 피우자 불타올랐다. 그러자 너는 베다들을 이해하게 되었다. 왜냐하면 마음은 음식으로 만들어져 있으며, 숨은 물기로 만들어져 있으며, 목소리는 열기로 만들어져 있기 때문이다." 그러자 아들은 이해하게 되었다. 이해하게 되었다.
evaṃ somya te ṣoḍaśānāṃ kalānām ekā kalātiśiṣṭābhūt । sānnen-opasamāhitā prājvālī । tayaitarhi vedān anubhavasi । annamayaṃ hi somya manaḥ । āpomayaḥ prāṇaḥ । tejomayī vāg iti । tad dhāsya vijajñāv iti vijajñāv iti ॥

여덟 번째 칸다 : 모든 사물의 뿌리인 하나의 존재와 아트만

1. 그러자 웃다라카 아루니는 그의 아들인 슈베타케투에게 말했다. "아들아, 나로부터 잠자는 상태를 배우도록 해라. 여기 '이 사람이 잔다.'라는 말이 있을 때, 그는 완전한 것이 된 것이며 자신에게 간 것이다. 그러므로 사람들은 그에게 '그는 잔다.'라고 말하는 것이다. 왜냐하면 그는 자신에게(svaṃ) 갔기(apīta) 때문이다."
uddālako hāruṇiḥ śvetaketuṃ putram uvāca svapnāntaṃ me somya vijānīhīti । yatraitat puruṣaḥ svapiti nāma satā somya tadā saṃpanno bhavati । svam apīto bhavati । tasmād enaṃ svapitīty ācakṣate । svaṃ hy apīto bhavati ॥

2. [아버지는 계속해서 말했다.] "아들아, 줄에 묶인 새가 이리 저리 날아 다니다가 다른 곳에서 거주처를 찾지 못하면 [자신이] 묶여 있는 곳에 기대어 [쉬는] 것처럼, 마음도 이리 저리 날아 다니다가 다른 곳에서 쉴 곳을 찾지 못하면 숨에 기대어 쉬게 된다. 왜냐하면 마음은 숨에 묶여 있기 때문이다."
sa yathā śakuniḥ sūtreṇa prabaddho diśaṃ diśaṃ patitvānyatrā-yatanam alabdhvā bandhanam evopaśrayate । evam eva khalu somya tan mano diśaṃ diśaṃ patitvānyatrāyatanam alabdhvā prāṇam evopaśrayate । prāṇabandhanaṃ hi somya mana iti ॥

3. [아버지는 계속해서 말했다.] "아들아, 나로부터 배고픔과 목마름을 배우도록 해라. 여기 '이 사람은 배고프다.'라는 말이 있을 때, 물기는 그

를 먹을 것으로 인도한다. 그러므로 소[牛]의 인도자, 말[馬]의 인도자, 사람의 인도자라고 말하는 것처럼, 사람들은 물기를 '음식의 인도자'라고 말하는 것이다. 아들아, 거기서 싹에 대해서 배우도록 해라. [싹]은 뿌리가 없으면 존재할 수 없을 것이다."

aśanāpipāse me somya vijānīhīti । yatraitat puruṣo 'śiśiṣati nāmāpa eva tad aśitaṃ nayante । tad yathā gonāyo 'śvanāyaḥ puruṣanāya ity evaṃ tad apa ācakṣate 'śanāyeti । tatraitac chuṅgam utpatitaṃ somya vijānīhi । nedam amūlaṃ bhaviṣyatīti ॥

4. [아버지는 계속해서 말했다.] "음식이 아닌 다른 어떤 것이 [사람]의 뿌리가 될 수 있겠느냐? 아들아, 그와 마찬가지로 음식이라는 싹을 통해서 물기라는 뿌리를 찾아야 한다. 아들아, [그와 마찬가지로] 물기라는 싹을 통해서 열기라는 뿌리를 찾아야 한다. 아들아, [그와 마찬가지로] 열기라는 싹을 통해서 [하나의] 존재라는 뿌리를 찾아야 한다. 아들아, [그와 마찬가지로 하나의] 존재는 이 모든 중생의 뿌리이며, [하나의] 존재는 [이 모든 중생의] 거주처이며, [하나의] 존재는 [이 모든 중생의] 토대이다."

tasya kva mūlaṃ syād anyatrānnāt । evam eva khalu somyānnena śuṅgenāpo mūlam anviccha । adbhiḥ somya śuṅgena tejo mūlam anviccha । tejasā somya śuṅgena sanmūlam anviccha । sanmūlāḥ somyemāḥ sarvāḥ prajāḥ sadāyatanāḥ satpratiṣṭhāḥ ॥

5. [아버지는 계속해서 말했다.] "그런데 여기 '이 사람은 목마르다.'라는 말이 있을 때, 불은 그를 마실 것으로 인도한다. 그러므로 소의 인도자, 말의 인도자, 사람의 인도자라고 말하는 것처럼, 사람들은 불을 '물

의 인도자'라고 말하는 것이다. 아들아, 거기서 싹에 대해서 배우도록 해라. [싹]은 뿌리가 없으면 존재할 수 없을 것이다."

atha yatraitat puruṣaḥ pipāsati nāma teja eva tat pītaṃ nayate । tad yathā gonāyo 'śvanāyaḥ puruṣanāya ity evaṃ tat teja ācaṣṭa udanyeti । tatraitad eva śuṅgam utpatitaṃ somya vijānīhi । nedam amūlaṃ bhaviṣyatīti ॥

6. [아버지는 계속해서 말했다.] "물기가 아닌 다른 어떤 것이 [사람]의 뿌리가 될 수 있겠느냐? 아들아, 그와 마찬가지로 물기라는 싹을 통해서 열기라는 뿌리를 찾아야 한다. 아들아, [그와 마찬가지로] 열기라는 싹을 통해서 [하나의] 존재라는 뿌리를 찾아야 한다. 아들아, [그와 마찬가지로 하나의] 존재는 이 모든 중생의 뿌리이며, [하나의] 존재는 [이 모든 중생의] 거주처이며, [하나의] 존재는 [이 모든 중생의] 토대이다. 아들아, [음식, 물기, 열기라는] 세 가지 신성한 것들이 사람에게 도달하면 각각 [사람의] 세 가지가 되는 것은 이미 앞에서 말했다.[083] 아들아, [그런데] 여기 이 사람이 죽으면 목소리는 마음속으로 들어가며, 마음은 숨 속으로 들어가며, 숨은 열기 속로 들어가며, 열기는 최고의 신성한 [하나의 존재] 속으로 들어간다."

tasya kva mūlaṃ syād anyatrādbhyaḥ । adbhiḥ somya śuṅgena tejo mūlam anviccha । tejasā somya śuṅgena sanmūlam anviccha । sanmūlāḥ somyemāḥ sarvāḥ prajāḥ sad āyatanāḥ satpratiṣṭhāḥ । yathā nu khalu somyemās tisro devatāḥ puruṣaṃ prāpya trivṛt trivṛd ekaikā bhavati tad uktaṃ purastād eva bhavati । asya somya puruṣasya prayato vāṅ manasi saṃpadyate manaḥ prāṇe prāṇas tejasi tejaḥ parasyāṃ devatāyām ॥

7. [아버지는 계속해서 말했다.] "그 미세한 것, 그것은 이 모든 것의 아트만이다. 그것이 진실이다. 그것이 아트만이다. 그것은 너 슈베타케투이다.[084]" [그러자 아들이 말했다.] "아버지, 저에게 더 많이 가르쳐 주십시오." [그러자 아버지는 말했다.] "아들아, 그렇게 하겠다."
sa ya eṣo 'ṇimaitad ātmyam idaṃ sarvam । tat satyam । sa ātmā । tat tvam asi śvetaketo iti । bhūya eva mā bhagavān vijñāpayatv iti । tathā somyeti hovāca ॥

아홉 번째 칸다 : 꿀의 비유

1. [아버지는 말했다.] "아들아, 벌들은 서로 다른 나무의 정수를 모으고, [그것들을] 하나의 정수로 만들어서 꿀을 만들어 낸다."
yathā somya madhu madhukṛto nistiṣṭhanti nānātyayānāṃ vṛkṣāṇāṃ rasān samavahāram ekatāṃ rasaṃ gamayanti ॥

2. [아버지는 말했다.] "[그런데] 그 꿀들은 '나는 이 나무의 정수야, 나는 저 나무의 정수야.'라고 알지 못한다. 아들아, 그와 같이 여기 이 모든 중생들은 그 [하나의] 존재와 결합해도 '우리는 그 [하나의] 존재와 결합했다.'라고 알지 못한다."
te yathā tatra na vivekaṃ labhante 'muṣyāhaṃ vṛkṣasya raso 'smy amuṣyāhaṃ vṛkṣasya raso 'smīti । evam eva khalu somyemāḥ sarvāḥ prajāḥ sati saṃpadya na viduḥ sati saṃpadyāmaha iti ॥

3. [아버지는 말했다.] "호랑이, 사자, 여우, 산돼지, 기어다니는 벌레, 날아다니는 벌레, 쏘는 벌레, 모기 등 여기 존재하는 모든 것들은 [죽으

면] 그 [하나의 존재]가 된다."

ta iha vyāghro vā siṃho vā vṛko vā varāho vā kīṭo vā pataṁgo vā daṃśo vā maśako vā yad yad bhavanti tad ābhavanti ॥

4. [아버지는 말했다.] "그 미세한 것, 그것은 이 모든 것의 아트만이다. 그것이 진실이다. 그것이 아트만이다. 그것이 너 슈베타케투이다." [그러자 아들이 말했다.] "아버지, 저에게 더 [많은 것을] 가르쳐 주십시오." [그러자 아버지는 말했다.] "아들아, 그렇게 하겠다."

sa ya eṣo 'ṇimaitadātmyam idaṃ sarvam । tat satyam । sa ātmā। tat tvam asi śvetaketo iti । bhūya eva mā bhagavān vijñāpayatv iti । tathā somyeti hovāca ॥

열 번째 칸다 : 강물의 비유

1. [아버지는 말했다.] "아들아, 동쪽에 있는 강들은 동쪽으로 흐르고, 서쪽에 있는 [강들은] 서쪽으로 흐른다. 바다에서 [온] 그것들은 다시 바다로 가서 그 바다가 된다. 그러나 그 [강]들은 [바다]에서 '나는 이것이다, 나는 저것이다.'라고 알지 못한다."

imāḥ somya nadyaḥ purastāt prācyaḥ syandante paścāt pratīcyaḥ । tāḥ samudrāt samudram evāpiyanti । sa samudra eva bhavati । tā yathā tatra na vidur iyam aham asmīyam aham asmīti ॥

2. [아버지는 말했다.] "아들아, 실로 그와 같이 여기 있는 모든 중생들은 그 [하나의] 존재로부터 왔지만, '우리는 그 [하나의] 존재로부터 왔다.' 라고 알지 못한다. 호랑이, 사자, 여우, 산돼지, 기어다니는 벌레, 날아

다니는 벌레, 쏘는 벌레, 모기 등 여기 존재하는 모든 것들은 [죽으면] 그 [하나의 존재]가 된다."

evam eva khalu somyemāḥ sarvāḥ prajāḥ sata āgamya na viduḥ sata āgacchāmaha iti। ta iha vyāghro vā siṃho vā vṛko vā varāho vā kīṭo vā pataṅgo vā daṃśo vā maśako vā yad yad bhavanti tad ābhavanti॥

3. [아버지는 계속해서 말했다.] "그 미세한 것, 그것은 이 모든 것의 아트만이다. 그것이 진실이다. 그것이 아트만이다. 그것은 너 슈베타케투이다." [그러자 아들이 말했다.] "아버지, 저에게 더 많이 가르쳐 주십시오." [그러자 아버지는 말했다.] "아들아, 그렇게 하겠다."

sa ya eṣo 'ṇimaitad ātmyam idaṃ sarvam। tat satyam। sa ātmā। tat tvam asi śvetaketo iti। bhūya eva mā bhagavān vijñāpayatv iti। tathā somyeti hovāca॥

열한 번째 칸다 : 나무의 비유

1. [아버지는 말했다.] "아들아, 저 커다란 나무는 아랫 부분을 다치면 수액을 흘리겠지만 [죽지 않고] 살 것이다. [그 나무는] 중간 부분을 다쳐도 수액을 흘리겠지만 [죽지 않고] 살 것이다. [그 나무는] 윗 부분을 다쳐도 수액을 흘리겠지만 [죽지 않고] 살 것이다. [그 나무는] 생명의 아트만을 가지고 물기를 마시고, 기뻐하면서 [굳건하게] 서 있을 것이다."

asya somya mahato vṛkṣasya yo mūle 'bhyāhanyāj jīvan sraved yo madhye 'bhyāhanyāj jīvan sraved yo 'gre 'bhyāhanyāj jīvan sravet ı sa eṣa jīvenātmanānuprabhūtaḥ pepīyamāno modamānas tiṣṭhati ॥

2. [아버지는 말했다.] "[그러나] 생명의 [아트만]이 한 가지에서 떠나면 그 [가지]는 말라 버린다. [생명의 아트만이] 두 번째 가지에서 떠나면 그 [두 번째 가지]가 마른다. 생명의 [아트만]이 세 번째 가지에서 떠나면 그 [세 번째 가지]가 마른다. 생명의 [아트만]이 모두 떠나면 [그 나무는] 모두 마른다."

asya yad ekāṃ śākhāṃ jīvo jahāty atha sā śuṣyati ı dvitīyāṃ jahāty atha sā śuṣyati ı tṛtīyāṃ jahāty atha sā śuṣyati ı sarvaṃ jahāti sarvaḥ śuṣyati ॥

3. 아버지는 말했다. "아들아, 이렇게 알아야 한다. 생명의 [아트만]이 떠나가면 이 [몸은] 죽지만, 그 생명의 [아트만]은 죽지 않는다. 그 미세한 것, 그것은 이 모든 것의 아트만이다. 그것이 진실이다. 그것이 아트만이다. 그것은 너 슈베타케투이다." [그러자 아들이 말했다.] "아버지, 저에게 더 많이 가르쳐 주십시오." [그러자 아버지는 말했다.] "아들아, 그렇게 하겠다."

evam eva khalu somya viddhīti ha uvāca ı jīvāpetaṃ vāva kiledaṃ mriyate na jīvo mriyata iti ı sa ya eṣo 'ṇimaitad ātmyam idaṃ sarvam ı tat satyam ı sa ātmā ı tat tvam asi śvetaketo iti ı bhūya eva mā bhagavān vijñāpayatv iti ı tathā somyeti hovāca ॥

열두 번째 칸다 : 무화과 열매의 비유

1. [아버지가 말했다.] "저기 무화과 열매를 이리 가져 오너라." [아들이 말했다.] "아버지, 가지고 왔습니다." [아버지가 말했다.] "그 [열매]를 쪼개어라." [아들이 말했다.] "쪼갰습니다."
[아버지가 말했다.] "거기에 무엇이 보이느냐?" [아들이 말했다.] "아주 작은 씨들이 보입니다." [아버지가 말했다.] "그 [씨]들 가운데 중에서 하나를 쪼개어라." [아들이 말했다.] "쪼갰습니다."
[아버지가 말했다.] "거기에 무엇이 보이느냐?" [아들이 말했다.] "아무 것도 보이지 않습니다."
nyagrodhaphalam ata āhareti । idaṃ bhagava iti । bhinddhīti । bhinnaṃ bhagava iti । kim atra paśyasīti । aṇvya ivemā dhānā bhagava iti । āsām aṅgaikāṃ bhinddhīti । bhinnā bhagava iti । kim atra paśyasīti । na kiṃcana bhagava iti ॥

2. 아버지는 아들에게 말했다. "아들아, 보이지 않는 그 미세한 것, 그 미세한 것으로부터 거대한 무화과 나무가 생겨난다. [내 말을] 믿어라."
taṃ hovāca yaṃ vai somyaitam aṇimānaṃ na nibhālayasa etasya vai somyaiṣo 'ṇimna evaṃ mahānyagrodhas tiṣṭhati । śraddhatsva somyeti ॥

3. [아버지는 계속해서 말했다.] "그 미세한 것, 그것은 이 모든 것의 아트만이다. 그것이 진실이다. 그것이 아트만이다. 그것은 너 슈베타케투이다." [그러자 아들이 말했다.] "아버지, 저에게 더 많이 가르쳐 주십시오." [그러자 아버지는 말했다.] "아들아, 그렇게 하겠다."

sa ya eṣo 'ṇimaitad ātmyam idaṃ sarvam । tat satyam । sa ātmā। tat tvam asi śvetaketo iti । bhūya eva mā bhagavān vijñāpayatv iti । tathā somyeti hovāca ॥

열세 번째 칸다 : 소금물의 비유

1. [아버지가 말했다.] "이 소금을 물속에 넣어라. 그리고 아침에 가지고 오너라." 아들은 그렇게 하였다. 그러자 [아버지는] 아들에게 말했다. "네가 어제 저녁에 물속에 넣었던 소금 조각, 그것을 이리 가져 오너라." [아들은] 그 [소금을] 잡으려고 했지만 찾을 수가 없었다.
lavaṇam etad udake 'vadhāyātha mā prātar upasīdathā iti । sa ha tathā cakāra । taṃ hovāca । yad doṣā lavaṇam udake 'vādhā aṅga tad āhareti । taddhāvamṛśya na viveda ॥

2. [소금은 물속에] 녹아 들어갔기 때문이었다. [그러자 아버지가 말했다.] "이 끝에서 [그 물을] 마셔 보아라. 어떠냐?" [아들이 말했다.] "소금입니다."
[그러자 아버지가 말했다.] "중간에서 [그 물을] 마셔 보아라. 어떠냐?" [아들이 말했다.] "소금입니다."
[그러자 아버지가 말했다.] "저 쪽 끝에서 [그 물을] 마셔 보아라. 어떠냐?" [아들이 말했다.] "소금입니다."
[그러자 아버지가 말했다.] "그것을 치워라. 그리고 나에게 다시 오너라." [아들은 소금물을 치우고서 이렇게 말했다.] "그 [소금]은 언제나 거기에 있습니다."
그러자 [아버지는] 아들에게 말했다. "아들아, [그와 마찬가지로] 그것

은 여기 있다. 그러나 너는 그것을 보지 못한다."

yathā vilīnam eva । aṅgāsyāntād ācāmeti । katham iti । lavaṇam iti । madhyād ācāmeti । katham iti । lavaṇam iti । antād ācāmeti । katham iti । lavaṇam iti । abhiprāsyaitad atha mopasīdathāiti । taddha tathā cakāra । tac chaśvat saṃvartate । taṃ hovācātra vāva kila sat somya na nibhālayase 'traiva kileti ॥

3. [아버지는 말했다.] "그 미세한 것, 그것은 이 모든 것의 아트만이다. 그것이 진실이다. 그것이 아트만이다. 그것은 너 슈베타케투이다." [그러자 아들이 말했다.] "아버지, 저에게 더 많이 가르쳐 주십시오." [그러자 아버지는 말했다.] "아들아, 그렇게 하겠다."

sa ya eṣo 'ṇimaitad ātmyam idaṃ sarvam । tat satyam । sa ātmā। tat tvam asi śvetaketo iti । bhūya eva mā bhagavān vijñāpayatv iti । tathā somyeti hovāca ॥

열네 번째 칸다 : 길 잃은 사람의 비유

1. [아버지는 말했다.] "아들아, 어떤 사람에게 눈가리개를 씌우고 간다라로부터 낯선 곳으로 끌고 가서 버린다면, 그는 눈이 가려진 채로 끌려왔고, 눈이 가려진 채로 버려졌으므로, 울면서 동쪽이나 북쪽, 혹은 남쪽이나 서쪽으로 걸어갈 것이다."

yathā somya puruṣaṃ gandhārebhyo 'bhinaddhākṣam ānīya taṃ tato 'tijane visṛjet । sa yathā tatra prāṅ vodaṅ vādharāṅ vā pratyaṅ vā pradhmāyītābhinaddhākṣa ānīto 'bhinaddhākṣo visṛṣṭaḥ॥

2. [아버지는 말했다.] "[그러나] 만일 누가 그의 눈가리개를 풀어주고, '간다라는 이쪽이고, 가는 길은 이쪽이오.'라고 그에게 말해준다면, 현명하고 지성을 갖춘 그는 마을에서 마을로 물으면서 간다라로 돌아갈 것이다. 그와 마찬가지로 스승이 있는 사람은 '나는 오랫동안 해탈하지 못하고 헤맸지만, 이제는 [해탈에] 도달하게 될 것이다.'[085]라고 아는 것이다."

tasya yathā bhinahanaṃ pramucya prabrūyād etāṃ diśaṃ gandhārā etāṃ diśaṃ vrajeti । sa grāmād grāmaṃ pṛcchan paṇḍito medhāvī gandhārān evopasaṃpadyeta । evam evehācāryavān puruṣo veda । tasya tāvad eva ciraṃ yāvan na vimokṣye 'tha saṃpatsya iti ॥

3. [아버지는 계속해서 말했다.] "그 미세한 것, 그것은 이 모든 것의 아트만이다. 그것이 진실이다. 그것이 아트만이다. 그것은 너 슈베타케투이다." [그러자 아들이 말했다.] "아버지, 저에게 더 많이 가르쳐 주십시오." [그러자 아버지는 말했다.] "아들아, 그렇게 하겠다."

sa ya eṣo 'ṇimaitad ātmyam idaṃ sarvam । tat satyam । sa ātmā। tat tvam asi śvetaketo iti । bhūya eva mā bhagavān vijñāpayatv iti । tathā somyeti hovāca ॥

열다섯 번째 칸다 : 죽는 사람의 비유

1. [아버지가 말했다.] "아들아, 아픈 사람의 곁에 친척들이 둘러앉아서 '그대는 나를 알겠는가, 그대는 나를 알겠는가?'라고 물을 때, 목소리가 마음속으로, 마음이 숨 속으로, 숨이 열기 속으로, 열기가 최고의 진실

한 [하나의 존재] 속으로 가지 않는 한 그는 [친척들을] 알 것이다."
puruṣaṃ somyotopatāpinaṃ jñātayaḥ paryupāsate jānāsi māṃ jānāsi mām iti । tasya yāvan na vāṅ manasi saṃpadyate manaḥ prāṇe prāṇas tejasi tejaḥ parasyāṃ devatāyāṃ tāvaj jānāti ॥

2. [아버지가 말했다.] "그러나 목소리가 마음속으로, 마음이 숨 속으로, 숨이 열기 속으로, 열기가 최고의 진실한 [하나의 존재] 속으로 가면 그는 [친척들을] 알지 못하게 된다."[086]
atha yadāsya vāṅ manasi saṃpadyate manaḥ prāṇe prāṇas tejasi tejaḥ parasyāṃ devatāyām atha na jānāti ॥

3. [아버지가 말했다.] "그 미세한 것, 그것은 이 모든 것의 아트만이다. 그것이 진실이다. 그것이 아트만이다. 그것은 너 슈베타케투이다." [그러자 아들이 말했다.] "아버지, 저에게 더 많이 가르쳐 주십시오." [그러자 아버지는 말했다.] "아들아, 그렇게 하겠다."
sa ya eṣo 'ṇimaitad ātmyam idaṃ sarvam । tat satyam । sa ātmā। tat tvam asi śvetaketo iti । bhūya eva mā bhagavān vijñāpayatv iti । tathā somyeti hovāca ॥

열여섯 번째 칸다 : 도둑의 비유

1. [아버지가 말했다.] "아들아, 사람들이 손이 묶여진 사람을 데리고 와서 '그는 [남의 물건을] 훔쳤다. 그는 도둑질을 했다. 도끼를 [뜨겁게] 달구어라.'라고 [외칠 때], 만일 그가 [도둑질]을 한 사람이라면 그는 거짓말을 한다. 그는 거짓을 말하면서 거짓으로 자신을 은폐하면서 달구어진 도끼를 잡는다. 그러면 그는 태워지고 죽여진다.[087]"

puruṣaṃ somyota hastagṛhītam ānayanti । apahārṣīt steyam akārṣīt paraśum asmai tapateti । sa yadi tasya kartā bhavati tata evānṛtam ātmānaṃ kurute । so 'nṛtābhisaṃdho 'nṛtenātmānam antardhāya paraśuṃ taptaṃ pratigṛhṇāti । sa dahyate । atha hanyate ॥

2. [아버지가 말했다.] "그러나 만약 그가 [도둑질]을 하지 않은 사람이라면, 그는 자신의 진실을 말한다. 그는 진실을 말하면서 진실로 자신을 은폐하면서 달구어진 도끼를 잡는다. [그러면] 그는 태워지지 않는다. 그러면 그는 풀려난다."

atha yadi tasyākartā bhavati । tata eva satyam ātmānaṃ kurute । sa satyābhisandhaḥ satyenātmānam antardhāya paraśuṃ taptaṃ pratigṛhṇāti । sa na dahyate । atha mucyate ॥

3. [아버지가 말했다.] "거기서 그가 [진실 때문에] 태워지지 않는 것처럼, 이 모든 것은 그 [진실]을 아트만으로 [가진다]. 그것은 진실이다. 그것이 아트만이다. 그것이 너 슈베타케투이다." 그러자 아들은 그것을 이해하였다. 그는 이해하였다.

sa yathā tatra nādāhyeta । etad ātmyam idaṃ sarvam । tat satyam । sa ātmā । tat tvam asi śvetaketo iti । tad dhāsya vijajñāv iti vijajñāv iti ॥

일곱 번째 프라파타카

아트만에 대한 사나트쿠마라의 가르침

일곱 번째 프라파타카 : 아트만에 대한 사나트쿠마라의 가르침

첫 번째 칸다 : 이름과 브라만

1. 나라다가 사나트쿠마라에게 "스승님, 저를 가르쳐 주십시오."라고 말하면서 찾아 왔다. 그러자 [사나트쿠마라]는 [나라다]에게 말했다. "네가 아는 것을 나에게 말해 보아라. 그러면 내가 그보다 더 많은 것을 너에게 가르쳐 주겠다." 그러자 [나라다]는 말했다.
adhīhi bhagava iti hopasasāda sanatkumāraṃ nāradaḥ । taṃ hovāca yad vettha tena mopasīda । tatas ta ūrdhvaṃ vakṣyāmīti । sa hovāca ॥

2. "스승님, 저는 『리그 베다』, 『야주르 베다』, 『사마 베다』, [그리고] 네 번째로 『아타르바 베다』, 다섯 번째로 전설과 푸라나들[을 압니다]. 그리고 베다 중의 베다(=문법학), 조상(祖上) 달래기, 연대학(年代學), 대화학, 세간에 대한 지식, 신성한 것에 대한 지식, 신성한 말에 대한 지식, 귀신에 대한 지식, 통치학, 점성술, 뱀 다루는 법을 압니다."[088]
ṛgvedaṃ bhagavo 'dhyemi yajurvedaṃ sāmavedam ātharvaṇaṃ

caturtham itihāsapurāṇaṃ pañcamaṃ vedānāṃ vedaṃ pitryaṃ rāśiṃ daivaṃ nidhiṃ vākovākyam ekāyanaṃ devavidyāṃ brahmavidyāṃ bhūtavidyāṃ kṣatravidyāṃ nakṣatravidyāṃ sarpadevajanavidyām etad bhagavo 'dhyemi ||

3. [나라다는 다시 말했다.] "스승님, 저는 주문을 아는 자입니다만 아트만을 아는 자는 아닙니다. 저는 스승님을 닮은 사람들로부터 '아트만을 아는 자는 고뇌를 넘어선다.'라는 말을 들었습니다. 스승님, 저는 고뇌하는 사람입니다. 스승님, 제가 고뇌의 저편으로 넘어갈 수 있도록 해 주십시오." 그러자 [사나트쿠마라]는 그에게 말했다. "네가 말한 모든 것은 단지 이름(nāman)일 뿐이다."

so 'haṃ bhagavo mantravid evāsmi nātmavit | śrutaṃ hy eva me bhagavaddṛśebhyas tarati śokam ātmavid iti | so 'haṃ bhagavaḥ śocāmi | taṃ mā bhagavāñ chokasya pāraṃ tārayatv iti | taṃ hovāca yad vai kiṃcaitad adhyagīṣṭhā nāmaivaitat ||

4. [사나트쿠마라는 말했다.] "『리그 베다』, 『야주르 베다』, 『사마 베다』, 네 번째로 『아타르바 베다』, 다섯 번째로 전설과 푸라나들, 그리고 베다 중의 베다(=문법학), 조상(祖上) 달래기, 연대학(年代學), 대화학, 세간에 대한 지식, 신성한 것에 대한 지식, 신성한 말에 대한 지식, 귀신에 대한 지식, 통치학, 점성술, 뱀 다루는 법 등은 [다만] 이름일 뿐이다. [그러니] 너는 이름을 숭배해야 한다."

nāma vā ṛgvedo yajurvedaḥ sāmaveda ātharvaṇaś caturtha itihāsapurāṇaḥ pañcamo vedānāṃ vedaḥ pitryo rāśir daivo nidhir vākovākyam ekāyanaṃ devavidyā brahmavidyā bhūtavidyā kṣatravidyā nakṣatravidyā sarpadevajanavidyā | nāmaivaitat |

nāmopāssveti ||

5. [사나트쿠마라는 말했다.] "이름을 브라만이라고 숭배하는 자, 그는 이름이 존재하는 한 자유롭게 행동할 수 있게 된다."
[그러자 나라다가 물었다.] "스승님, 이름보다 더 위대한 것이 있습니까?" [사나트쿠마라가 말했다.] "물론 이름보다 더 위대한 것이 있다."
[그러자 나라다가 말했다.] "스승님, 그것을 저에게 가르쳐 주십시오."
sa yo nāma brahmety upāste | yāvan nāmno gataṃ tatrāsya yathā kāmacāro bhavati yo nāma brahmety upāste | asti bhagavo nāmno bhūya iti | nāmno vāva bhūyo 'stīti | tan me bhagavān bravītv iti ||

두 번째 칸다 : 말과 브라만

1. [사나트쿠마라가 말했다.] "실로 말(vāc)은 이름보다 위대하다. 말은 『리그 베다』, 『야주르 베다』, 『사마 베다』, 네 번째로 『아타르바 베다』, 다섯 번째로 전설과 푸라나들, 그리고 베다 중의 베다(=문법학), 조상(祖上) 달래기, 연대학(年代學), 대화학, 세간에 대한 지식, 신성한 것에 대한 지식, 신성한 말에 대한 지식, 귀신에 대한 지식, 통치학, 점성술, 뱀 다루는 법, 그리고 하늘과 땅, 바람과 허공, 물과 불, 신과 사람, 가축과 새, 초목과 맹수, 벌레와 개미, 정의와 불의, 진실과 거짓, 좋음과 나쁨, 기쁨과 불쾌함을 알게 한다. 만일 말이 존재하지 않았다면 정의와 불의는 알려지지 않았을 것이며, 진실과 거짓, 좋음과 나쁨, 기쁨과 불쾌함은 알려지지 않았을 것이다. 말은 이 모든 것을 알 수 있게 한다. 그러니 말을 숭배해야 한다."

vāg vāva nāmno bhūyasī । vāg vā ṛgvedaṃ vijñāpayati yajurvedaṃ sāmavedam ātharvaṇaṃ caturtham itihāsapurāṇaṃ pañcamaṃ vedānāṃ vedaṃ pitryaṃ rāśiṃ daivaṃ nidhiṃ vākovākyam ekāyanaṃ devavidyāṃ brahmavidyāṃ bhūtavidyāṃ kṣatravidyāṃ nakṣatravidyāṃ sarpadevajanavidyāṃ divaṃ ca pṛthivīṃ ca vāyuṃ cākāśaṃ cāpaś ca tejaś ca devāṃś ca manuṣyāṃś ca paśūṃś ca vayāṃsi ca tṛṇavanaspatīñ śvāpadāny ākīṭapataṅgapipīlakaṃ dharmaṃ cādharmaṃ । ca satyaṃ cānṛtaṃ ca sādhu cāsādhu ca hṛdayajñaṃ cāhṛdayajñaṃ ca । yad vai vāṅ nābhaviṣyan na dharmo nādharmo vyajñāpayiṣyan na satyaṃ nānṛtaṃ na sādhu nāsādhu na hṛdayajño nāhṛdayajñaḥ । vāg evaitad sarvaṃ vijñāpayati vācam upāssveti ॥

2. [사나트쿠마라는 말했다.] "말을 브라만이라고 숭배하는 자, 그는 말이 존재하는 한 자유롭게 행동할 수 있게 된다."
[그러자 나라다가 물었다.] "스승님, 말보다 더 위대한 것이 있습니까?"
[사나트쿠마라가 말했다.] "물론 말보다 더 위대한 것이 있다." [그러자 나라다가 말했다.] "스승님, 그것을 저에게 가르쳐 주십시오."
sa yo vācaṃ brahmety upāste । yāvad vāco gataṃ tatrāsya yathā kāmacāro bhavati yo vācaṃ brahmety upāste । asti bhagavo vāco bhūya iti । vāco vāva bhūyo 'stīti । tan me bhagavān bravītv iti ॥

세 번째 칸다 : 마음과 브라만

1. 사나트쿠마라는 말했다. "마음(manas)은 말보다 위대하다. 실로 꽉 잡은 손이 두 개의 가자 열매, 혹은 두 개의 대추야자 열매, 혹은 두 개의 주사위를 감싸듯이, 마음은 말과 이름을 감싸기 때문이다. 사람은 마음으로 '내가 주문을 낭송해야지.'라고 생각한 후에 [주문을] 낭송하고, '내가 제사를 지내야지.'라고 생각한 후에 [제사]를 지내며, '내가 아들과 소떼를 얻어야지.'라고 생각한 후에 [아들과 소떼를] 얻으려 하며, '내가 이 세계와 저 세계를 얻어야지.'라고 생각한 후에 [이 세계와 저 세계를]얻으려 한다. 실로 마음은 아트만이다. 실로 마음은 세계이다. 실로 마음은 브라만이다. 그러니 너는 마음을 숭배해야 한다."

mano vāva vāco bhūyaḥ । yathā vai dve vāmalake dve vākole dvau vākṣau muṣṭir anubhavaty evaṃ vācaṃ ca nāma ca mano 'nubhavati । sa yadā manasā manasyati mantrān adhīyīyety athādhīte । karmāṇi kurvīyety atha kurute । putrāṃś ca paśūṃś ceccheyety athecchate । imaṃ ca lokam amuṃ ceccheyety athecchate । mano hy ātmā । mano hi lokaḥ । mano hi brahma । mana upāssveti ॥

2. [사나트쿠마라는 말했다.] "실로 마음을 브라만이라고 숭배하는 자, 그는 마음이 존재하는 한 자유롭게 행동할 수 있게 된다."
[그러자 나라다가 물었다.] "스승님, 마음보다 더 위대한 것이 있습니까?" [사나트쿠마라가 말했다.] "물론 마음보다 더 위대한 것이 있다."
[그러자 나라다가 말했다.] "스승님, 그것을 저에게 가르쳐 주십시오."
sa yo mano brahmety upāste । yāvan manaso gataṃ tatrāsya

yathā kāmacāro bhavati yo mano brahmety upāste । asti bhagavo manaso bhūya iti । manaso vāva bhūyo 'stīti । tan me bhagavān bravītv iti ॥

네 번째 칸다 : 의도와 브라만

1. [사나트쿠마라가 말했다.] "의도는 마음보다 위대하다. [사람은] 의도하게 되면 생각하게 되고, 말을 하게 되고, 그것에 이름을 붙이게 된다. 이름 속에 주문(呪文)이 있고, 주문 속에 제사가 있다."
saṃkalpo vāva manaso bhūyān । yadā vai saṃkalpayate 'tha manasyati । atha vācam īrayati । tām u nāmnīyūati । nāmni mantrā ekaṃ bhavanti । mantreṣu karmāṇi ॥

2. [사나트쿠마라는 말했다.] "[이름과 말과 마음]은 의도를 중심으로 하며, 의도를 아트만으로 하며, 의도 위에 설립되어 있다. 하늘과 대지는 의도된 것이며, 바람과 허공도 의도된 것이고, 물과 불도 의도된 것이다. [하늘과 대지 등]이 만들어지면 비가 만들어진다. 비가 만들어지면 음식이 만들어진다. 음식이 만들어지면 생명이 만들어진다. 생명이 만들어지면 주문이 만들어진다. 주문이 만들어지면 제사가 만들어진다. 제사가 만들어지면 세계가 만들어진다. 세계가 만들어지면 모든 것이 만들어진다. 그것이 의도이다. [그러니] 의도를 숭배하라."
tāni ha vā etāni saṃkalpaikāyanāni saṃkalpātmakāni saṃkalpe pratiṣṭhitāni । samakḷpatāṃ dyāvāpṛthivī । samakalpetāṃ vāyuś cākāśaṃ ca । samakalpantāpaś ca tejaś ca । teṣāṃ saṃkḷptyai varṣaṃ saṃkalpate । varṣasya saṃkḷptyā annaṃ saṃkalpate ।

annasya saṃkḷptyai prāṇāḥ saṃkalpante । prāṇānāṃ saṃkḷptyai mantrāḥ saṃkalpante । mantrāṇāṃ saṃkḷptyai karmāṇi saṃkalpante । karmaṇāṃ saṃkḷptyai lokaḥ saṃkalpate । lokasya saṃkḷptyai sarvaṃ saṃkalpate । sa eṣa saṃkalpaḥ । saṃkalpam upāssveti ॥

3. [사나트쿠마라가 말했다.] "의도를 브라만이라고 숭배하는 자, 그는 의도한 세계를 성취한다. [의도가] 확고한 자는 확고한 세계를, [의도가] 확립된 자는 확립된 세계를, [의도가] 흔들림 없는 자는 흔들림 없는 세계를 성취한다. [또한] 의도를 브라만이라고 숭배하는 자, 그는 의도가 존재하는 한 자유롭게 행동할 수 있게 된다."
[그러자 나라다가 물었다.] "스승님, 의도보다 더 위대한 것이 있습니까?" [사나트쿠마라가 말했다.] "물론 의도보다 더 위대한 것이 있다."
[그러자 나라다가 말했다.] "스승님, 그것을 저에게 가르쳐 주십시오."
sa yaḥ saṃkalpaṃ brahmety upāste । kḷptān vai sa lokān dhruvān dhruvaḥ pratiṣṭhitān pratiṣṭhito 'vyathamānān avyathamāno 'bhisidhyati । yāvat saṃkalpasya gataṃ tatrāsya yathā kāmacāro bhavati yaḥ saṃkalpaṃ brahmety upāste । asti bhagavaḥ saṃkalpād bhūya iti । saṃkalpād vāva bhūyo 'stīti । tan me bhagavān bravītv iti ॥

다섯 번째 칸다 : 생각과 브라만

1. [사나트쿠마라]가 말했다. "생각은 의도보다 위대하다. 실로 사람은 생각한 후에 의도하며, 그런 후에 마음먹게 되고, 그런 후에 말로 말하게

되고, 그런 후에 그것을 이름으로 부르게 된다. 이름 속에 주문(呪文)이 있고, 주문 속에 제사가 있다."

cittaṃ vāva saṃkalpād bhūyaḥ । yadā vai cetayate 'tha saṃkalpayate । atha manasyati । atha vācam īrayati । tām u nāmnīyūati । nāmni mantrā ekaṃ bhavanti । mantreṣu karmāṇi ॥

2. [사나트쿠마라]는 말했다. "실로 그 [의도, 마음 등]은 생각을 중심으로 하며, 생각을 아트만으로 하며, 생각 위에 설립되어 있다. 그래서 많은 것을 알면서도 생각이 없는 사람이 있으면, 사람들은 '그는 아는 것이 없다. 그가 그것을 아는 자라면 그렇게 생각이 없지는 않을 것이다.'라고 말한다. 그러나 적게 알더라도 생각이 있는 사람이 있으면, 사람들은 그에게서 듣기를 바란다. [이와같이] 그 [의도, 마음 등]은 생각을 중심으로 하고, 생각을 아트만으로 하고, 생각을 토대로 한다. [그러니] 생각을 숭배해야 한다."

tāni ha vā etāni cittaikāyanāni cittātmāni citte pratiṣṭhitāni । tasmād yady api bahuvid acitto bhavati nāyam astīty evainam āhuḥ । yad ayaṃ veda yad vā ayaṃ vidvān nettham acittaḥ syād iti । atha yady alpavic cittavān bhavati tasmā evota śuśrūṣante । cittaṃ hy evaiṣām ekāyanam । cittam ātmā । cittaṃ pratiṣṭhā । cittam upāssveti ॥

3. [사나트쿠마라]는 말했다. "생각을 브라만이라고 숭배하는 자, 그는 생각의 세계를 성취한다. [생각이] 확고한 자는 확고한 세계를, [생각이] 확립된 자는 확립된 세계를, [생각이] 흔들림 없는 자는 흔들림 없는 세계를 성취한다. [또한] 생각을 브라만이라고 숭배하는 자, 그는 생각이 존재하는 한 자유롭게 행동할 수 있게 된다."

[그러자 나라다가 물었다.] "스승님, 생각보다 더 위대한 것이 있습니까?" [사나트쿠마라는 말했다.] "물론 생각보다 더 위대한 것이 있다." [그러자 나라다가 말했다.] "스승님, 그것을 저에게 가르쳐 주십시오."

sa yaś cittaṃ brahmety upāste । cittān vai sa lokān dhruvān dhruvaḥ pratiṣṭhitān pratiṣṭhito 'vyathamānān avyathamāno 'bhisidhyati । yāvac cittasya gataṃ tatrāsya yathā kāmacāro bhavati yaś cittaṃ brahmety upāste । asti bhagavaś cittād bhūya iti । cittād vāva bhūyo 'stīti । tan me bhagavān bravītv iti ॥

여섯 번째 칸다 : 명상과 브라만

1. [사나트쿠마라는 말했다.] "실로 명상은 생각보다 뛰어나다. 대지는 명상하는 것처럼 보이며, 허공도 명상하는 것처럼 보인다. 하늘도 명상하는 것처럼 보이며, 물도 명상하는 것처럼 보인다. 산도 명상하는 것처럼 보이며, 신과 사람들도 명상하는 것처럼 보인다. 그러므로 위대한 사람들은 명상하는 자리에서 이익을 얻는다. 열등한 사람들은 다투고, 비방하고, 책망하지만, 뛰어난 사람들은 명상하는 자리에서 이익을 얻는다. [그러니] 명상을 숭배해야 한다."

dhyānaṃ vāva cittād bhūyaḥ । dhyāyatīva pṛthivī । dhyāyatīvāntarikṣam । dhyāyatīva dyauḥ । dhyāyantīvāpaḥ । dhyāyantīva parvatāḥ । dhyāyantīva devamanuṣyāḥ । tasmād ya iha manuṣyāṇāṃ mahattāṃ prāpnuvanti dhyānāpādāṃśā ivaiva te bhavanti । atha ye 'lpāḥ kalahinaḥ piśunā upavādinas te । atha ye prabhavo dhyānāpādāṃśā ivaiva te bhavanti । dhyānam upāssveti ॥

2. [사나트쿠마라는 말했다.] "명상을 브라만이라고 숭배하는 자, 그는 명상이 존재하는 한 자유롭게 행동할 수 있게 된다."
[그러자 나라다가 물었다.] "스승님, 명상보다 더 위대한 것이 있습니까?" [사나트쿠마라는 말했다.] "물론 명상보다 더 위대한 것이 있다."
[그러자 나라다가 말했다.] "스승님, 그것을 저에게 가르쳐 주십시오."
sa yo dhyānaṃ brahmety upāste । yāvad dhyānasya gataṃ tatrāsya yathā kāmacāro bhavati yo dhyānaṃ brahmety upāste । asti bhagavo dyānād bhūya iti । dhyānād vāva bhūyo 'stīti । tan me bhagavān bravītv iti ॥

일곱 번째 칸다 : 분별과 브라만

1. [사나트쿠마라는 말했다.] "실로 분별은 명상보다 뛰어나다. 사람은 분별을 가지고 『리그 베다』, 『야주르 베다』, 『사마 베다』, 네 번째로 『아타르바 베다』, 다섯 번째로 전설과 푸라나들, 그리고 베다 중의 베다(=문법학), 조상(祖上) 달래기, 연대학(年代學), 대화학, 세간에 대한 지식, 신성한 것에 대한 지식, 브라만에 대한 지식, 귀신에 대한 지식, 통치학, 점성술, 뱀 다루는 법, 그리고 하늘과 땅, 바람과 허공, 물과 불, 신과 사람, 가축과 새, 초목과 맹수, 벌레와 개미, 정의와 불의, 진실과 거짓, 좋음과 나쁨, 기쁨과 불쾌함, 음식과 음료, 이 세계와 저 세계를 분별한다. 그러니 분별을 숭배하라."
vijñānaṃ vāva dhyānād bhūyaḥ । vijñānena vā ṛgvedaṃ vijānāti yajurvedaṃ sāmavedam ātharvaṇaṃ caturtham itihāsapurāṇaṃ pañcamaṃ vedānāṃ vedaṃ pitryaṃ rāśiṃ daivaṃ nidhiṃ vākovākyam ekāyanaṃ devavidyāṃ brahmavidyāṃ bhūtavidyāṃ

kṣatravidyāṃ nakṣatravidyāṃ sarpadevajanavidyāṃ divaṃ ca pṛthivīṃ ca vāyuṃ cākāśaṃ cāpaś ca tejaś ca devāṃś ca manuṣyāṃś ca paśūṃś ca vayāṃsi ca tṛṇavanaspatīñ chvāpadāny ākīṭapataṅgapipīlakam । dharmaṃ cādharmaṃ ca satyaṃ cānṛtaṃ ca sādhu cāsādhu ca hṛdayajñaṃ cāhṛdayajñaṃ cānnaṃ ca rasaṃ cemaṃ ca lokam amuṃ ca vijñānenaiva vijānāti । vijñānam upāssveti ॥

2. [사나트쿠마라]는 말했다. "분별을 브라만이라고 숭배하는 자, 그는 실로 분별과 지식의 세계를 획득한다. 분별을 브라만이라고 숭배하는 자는 분별이 존재하는 한 자유롭게 행동할 수 있게 된다."
[그러자 나라다가 물었다.] "스승님, 분별보다 더 위대한 것이 있습니까?" [사나트쿠마라는 말했다.] "물론 분별보다 더 위대한 것이 있다."
[그러자 나라다가 말했다.] "스승님, 그것을 저에게 가르쳐 주십시오."
sa yo vijñānaṃ brahmety upāste । vijñānavato vai sa lokāñ jñānavato 'bhisidhyati । yāvad vijñānasya gataṃ tatrāsya yathā kāmacāro bhavati yo vijñānaṃ brahmety upāste । asti bhagavo vijñānād bhūya iti । vijñānād vāva bhūyo 'stīti । tan me bhagavān bravītv iti ॥

여덟 번째 칸다 : 힘과 브라만

1. [사나트쿠마라는 말했다.] "힘은 분별보다 뛰어나다. 실로 힘을 가진 한 사람이 분별을 가진 백 사람을 떨게 만든다. 사람이 힘있는 자가 되면, 그는 일어서는 자가 된다. 그는 일어서는 자가 되어서 [불을] 돌

보는 자가 된다. 그는 돌보는 자가 되어서 집에 머무는 자가 된다. 그는 집에 머무는 자가 되어서 보는 자가 되고, 듣는 자가 되며, 생각하는 자가 되며, 지각하는 자가 되며, 행위하는 자가 되며, 분별하는 자가 된다. 실로 힘에 의해서 대지가, 힘에 의해서 허공이, 힘에 의해서 하늘이, 힘에 의해서 산이, 힘에 의해서 신과 인간이, 힘에 의해서 짐승과 새, 풀과 나무, 벌레와 동물, 날파리와 개미가 확립된다. [이처럼] 힘에 의해서 [모든] 세계가 확립된다. [그러니] 힘을 숭배해야 한다.

balaṃ vāva vijñānād bhūyaḥ । api ha śataṃ vijñānavatām eko balavān ākampayate । sa yadā balī bhavaty athotthātā bhavati । uttiṣṭhan paricaritā bhavati । paricarann upasattā bhavati । upasīdan draṣṭā bhavati śrotā bhavati mantā bhavati boddhā bhavati kartā bhavati vijñātā bhavati । balena vai pṛthivī tiṣṭhati balenāntarikṣaṃ balena dyaur balena parvatā balena devamanuṣyā balena paśavaś ca vayāṃsi ca tṛṇavanaspatayaḥ śvāpadāny ākīṭapataṅgapipīlakam । balena lokas tiṣṭhati । balam upāssveti ॥

2. [사나트쿠마라는 말했다.] "힘을 브라만이라고 숭배하는 자, 그는 힘이 존재하는 한 자유롭게 행동할 수 있게 된다."
[그러자 나라다가 물었다.] "스승님, 힘보다 더 위대한 것이 있습니까?"
[사나트쿠마라는 말했다.] "물론 힘보다 더 위대한 것이 있다." [그러자 나라다가 말했다.] "스승님, 그것을 저에게 가르쳐 주십시오."

sa yo balam upāste । yāvad balasya gataṃ tatrāsya yathā kāmacāro bhavati yo balaṃ brahmety upāste । asti bhagavo balād bhūya iti । balād vāva bhūyo 'stīti । tan me bhagavān bravītv iti ॥

아홉 번째 칸다 : 음식과 브라만

1. [사나트쿠마라]는 말했다. "음식은 힘보다 뛰어나다. 그러므로 사람이 열흘 동안 먹지 않으면, 그는 비록 살아 있더라도 보지 못하는 자, 듣지 못하는 자, 생각하지 못하는 자, 지각하지 못하는 자, 행위하지 못하는 자, 분별하지 못하는 자가 되는 것이다. 그러나 음식이 들어가면 그는 보는 자가 되며, 듣는 자가 되며, 생각하는 자가 되며, 지각하는 자가 되며, 행위하는 자가 되며, 분별하는 자가 된다. [그러니] 음식을 숭배해야 한다."

annaṃ vāva balād bhūyaḥ ꞁ tasmād yady api daśa rātrīr nāśnīyāt ꞁ yady u ha jīvet ꞁ atha vā 'draṣṭā 'śrotā 'mantā 'boddhā 'kartā 'vijñātā bhavati ꞁ athānnasyāye draṣṭā bhavati śrotā bhavati mantā bhavati boddhā bhavati kartā bhavati vijñātā bhavati ꞁ annam upāssveti ꞁꞁ

2. [사나트쿠마라는 말했다.] "음식을 브라만이라고 숭배하는 자, 그는 음식의 세계와 음료의 세계를 얻게 된다. 음식을 브라만이라고 숭배하는 자, 그는 음식이 존재하는 한 자유롭게 행동할 수 있게 된다." [그러자 나라다가 물었다.] "스승님, 음식보다 더 위대한 것이 있습니까?" [사나트쿠마라는 말했다.] "물론 음식보다 더 위대한 것이 있다." [그러자 나라다가 말했다.] "스승님, 그것을 저에게 가르쳐 주십시오."

sa yo 'nnaṃ brahmety upāste ꞁ annavato vai sa lokān pānavato 'bhisidhyati ꞁ yāvad annasya gataṃ tatrāsya yathā kāmacāro bhavati yo 'nnaṃ brahmety upāste ꞁ asti bhagavo 'nnād bhūya iti ꞁ annād vāva bhūyo 'stīti ꞁ tan me bhagavān bravītv iti ꞁꞁ

열 번째 칸다 : 물과 브라만

1. [사나트쿠마라는 말했다.] "물은 음식보다 뛰어나다. 그러므로 비가 충분하게 오지 않으면 중생들은 '[이제] 음식이 줄어들겠구나.'라고 [생각하면서] 슬퍼하고, 비가 충분하게 오면 '[이제] 음식이 많아지겠구나.'라고 [생각하면서] 기뻐하는 것이다. 물은 형태 있는 이 모든 것들이다. [물은] 대지와 창공이며, 하늘과 산이며, 신과 인간이며, 짐승과 새이며, 풀과 나무이며, 벌레와 동물이며, 날파리와 개미이다. [실로] 물은 형태 있는 이 모든 것들이다. [그러니] 물을 숭배해야 한다."

āpo vāvānnād bhūyasyaḥ । tasmād yadā suvṛṣṭir na bhavati vyādhīyante prāṇā annaṃ kanīyo bhaviṣyatīti । atha yadā suvṛṣṭir bhavaty ānandinaḥ prāṇā bhavanty annaṃ bahu bhaviṣyatīti । āpa evemā mūrtā yeyaṃ pṛthivī yad antarikṣaṃ yad dyaur yat parvatā yad devamanuṣyā yat paśavaś ca vayāṃsi ca tṛṇavanaspatayaḥ śvāpadāny ākīṭapataṅgapipīlakam । āpa evemā mūrtāḥ । apa upāssveti ॥

2. [사나트쿠마라는 말했다.] "이 물을 브라만이라고 숭배하는 사람, 그는 모든 욕망을 달성하고 만족하게 된다. 물을 브라만이라고 숭배하는 자는 물이 존재하는 한 자유롭게 행동할 수 있게 된다."

[그러자 나라다가 물었다.] "스승님, 물보다 더 위대한 것이 있습니까?"

[사나트쿠마라는 말했다.] "물론 물보다 더 위대한 것이 있다." [그러자 나라다가 말했다.] "스승님, 그것을 저에게 가르쳐 주십시오."

sa yo 'po brahmety upāste । āpnoti sarvān kāmāṃs tṛptimān bhavati । yāvad apāṃ gataṃ tatrāsya yathā kāmacāro bhavati yo 'po brahmety upāste । asti bhagavo 'dbhyo bhūya iti । adbhyo vāva bhūyo 'stīti । tan me bhagavān bravītv iti ॥

열한 번째 칸다 : 불과 브라만

1. [사나트쿠마라]는 말했다. "실로 불은 물보다 위대하다. 그것은 바람을 붙잡고 허공을 뜨겁게 한다. 그러므로 사람들은 말한다. '[날씨가] 덥다. '[날씨가] 뜨겁다. [이제] 비가 올 것이다.' [이처럼] 불이 먼저 나타난 후에 물이 나타나는 것이다. 그러므로 번개가 하늘을 가로지르고 천둥 소리가 울리면 사람들은 이렇게 말한다. '번개가 치고, 천둥이 울린다. [이제] 비가 올 것이다.' 이처럼 불이 먼저 나타난 후에 물이 나타난다. [그러니] 불을 숭배해야 한다."
tejo vāvādbhyo bhūyaḥ। tad vā etad vāyum āgṛhyākāśam abhitapati tadāhur niśocati nitapati varṣiṣyati vā iti । teja eva tatpūrvaṃ darśayitvāthāpaḥ sṛjate । tad etad ūrdhvābhiś ca tiraścībhiś ca vidyudbhir āhrādāś caranti tasmād āhur vidyotate stanayati varṣiṣyati vā iti । teja eva tatpūrvaṃ darśayitvāthāpaḥ sṛjate । teja upāssveti ॥

2 [사나트쿠마라]는 말했다. "불을 브라만이라고 숭배하는 사람, 실로 그는 빛나는 자가 된다. 그는 빛나는 자로서 어둠을 깨뜨리고 빛나는 세계들을 획득한다. 또한 불을 브라만이라고 숭배하는 사람은 불이 존재하는 한 자유롭게 행동할 수 있게 된다."
[그러자 나라다가 물었다.] "스승님, 불보다 더 위대한 것이 있습니까?" [사나트쿠마라는 말했다.] "물론 불보다 더 위대한 것이 있다." [그러자

나라다가 말했다.] "스승님, 그것을 저에게 가르쳐 주십시오."

sa yas tejo brahmety upāste । tejasvī vai sa tejasvato lokān bhāsvato 'pahatatamaskān abhisidhyati । yāvat tejaso gataṃ tatrāsya yathā kāmacāro bhavati yas tejo brahmety upāste । asti bhagavas tejaso bhūya iti । tejaso vāva bhūyo 'stīti । tan me bhagavān bravītv iti ॥

열두 번째 칸다 : 허공과 브라만

1. [사나트쿠마라]는 말했다. "허공은 불보다 위대하다. 허공 속에 해, 달, 번개, 별, 불 등이 있다. 또한 사람은 허공을 통하여 부르고, 허공을 통하여 들으며, 허공을 통하여 대답하고, 허공 속에서 즐거워 하거나 허공 속에서 즐거워하지 않으며, 허공 속에서 태어나며, 허공으로 다시 태어난다. [그러니] 허공을 숭배해야 한다."

ākāśo vāva tejaso bhūyān । ākāśe vai sūryācandramasāv ubhau vidyun nakṣatrāṇy agniḥ । ākāśenāhvāyati । ākāśena sṛṇoti । ākāśena pratisṛṇoti । ākāśe ramate । ākāśe na ramate । ākāśe jāyate । ākāśam abhijāyate । ākāśam upāssveti ॥

2. [사나트쿠마라]는 말했다. "허공을 브라만이라고 숭배하는 사람, 그는 넓은 사람이 된다. 그는 제약이 없는 넓은 사람으로서 넓은 세계를 성취한다. 허공을 브라만이라고 숭배하는 사람은 허공이 존재하는 한 자유롭게 행동할 수 있게 된다."

[그러자 나라다가 물었다.] "스승님, 허공보다 더 위대한 것이 있습니까?" [사나트쿠마라는 말했다.] "물론 허공보다 더 위대한 것이 있다."

[그러자 나라다가 말했다.] "스승님, 그것을 저에게 가르쳐 주십시오."

sa ya ākāśaṃ brahmety upāste ı ākāśavato vai sa lokān prakāśavato 'saṃbādhān urugāyavato 'bhisidhyati ı yāvad ākāśasya gataṃ tatrāsya yathā kāmacāro bhavati ya ākāśaṃ brahmety upāste ı asti bhagava ākāśād bhūya iti ı ākāśad vāva bhūyo 'stīti ı tan me bhagavān bravītv iti ॥

열세 번째 칸다 : 기억과 브라만

1. [사나트쿠마라]는 말했다. "기억은 허공보다 위대하다. 그러므로 기억이 없는 자들이 많이 앉아 있어도 [그들은] 아무 것도 듣지 못할 것이며, 생각하지 못할 것이며, 분별하지 못할 것이다. 그러나 그들이 기억을 가지고 있다면, 그들은 들을 것이고, 생각할 것이고, 분별할 것이다. 사람들은 기억을 가지고 [자기] 자식들을 분별하고, 기억을 가지고 [자기] 가축들을 분별하는 것이다. [그러니] 기억을 숭배해야 한다."

smaro vāvākāśād bhūyaḥ ı tasmād yady api bahava āsīrann asmaranto naiva te kaṃcana śṛṇuyur na manvīran na vijānīran ı yadā vāva te smareyur atha śṛṇuyur atha manvīrann atha vijānīran ı smareṇa vai putrān vijānāti smareṇa paśūn ı smaram upāssveti ॥

2. [사나트쿠마라는 말했다.] "기억을 브라만이라고 숭배하는 자, 기억을 브라만이라고 숭배하는 자, 그는 기억이 존재하는 한 자유롭게 행동할 수 있게 된다."

[그러자 나라다가 물었다.] "스승님, 기억보다 더 위대한 것이 있습니

까?"[사나트쿠마라는 말했다.] "물론 기억보다 더 위대한 것이 있다." [그러자 나라다가 말했다.] "스승님, 그것을 저에게 가르쳐 주십시오."
sa yaḥ smaraṃ brahmety upāste । yāvat smarasya gataṃ tatrāsya yathā kāmacāro bhavati yaḥ smaraṃ brahmety upāste । asti bhagavaḥ smarād bhūya iti । smarād vāva bhūyo 'stīti । tan me bhagavān bravītv iti ॥

열네 번째 칸다 : 소망과 브라만

1. [사나트쿠마라]는 말했다. "소망은 기억보다 위대하다. 실로 소망이 일어났을 때, 기억은 주문을 공부하고, 제사를 행하고, 자손과 소떼, 그리고 이 세계와 저 세계를 바란다. [그러니] 소망을 숭배해야 한다."
āśā vāva smarād bhūyasī । āśeddho vai smaro mantrān adhīte karmāṇi kurute putrāṃś ca paśūṃś cecchata imaṃ ca lokaṃ amuṃ cecchate । āśām upāssveti ॥

2. [사나트쿠마라]는 말했다. "소망을 브라만이라고 숭배하는 사람, 그의 모든 욕망은 그 소망에 의해서 완전하게 성취되며, 그의 소망은 열매 맺는다. 소망을 브라만이라고 숭배하는 사람, 그는 소망이 존재하는 한 자유롭게 행동할 수 있게 된다."
[그러자 나라다가 물었다.] "스승님, 소망보다 더 위대한 것이 있습니까?" [사나트쿠마라는 말했다.] "물론 소망보다 더 위대한 것이 있다." [그러자 나라다가 말했다.] "스승님, 그것을 저에게 가르쳐 주십시오."
sa ya āśāṃ brahmety upāste । āśayāsya sarve kāmāḥ samṛdhyanti । amoghā hāsyāśio bhavanti । yāvad āśāyā gataṃ tatrāsya yathā

kāmacāro bhavati ya āśāṃ brahmety upāste । asti bhagava āśāyā bhūya iti । āśāyā bhūyo 'stīti । tan me bhagavān bravītv iti ॥

열다섯 번째 칸다 : 숨과 모든 것

1. [사나트쿠마라]는 말했다. "숨은 소망보다 위대하다. 바퀴살이 중심축 위에 고정되어 있는 것처럼, 모든 것은 이 숨 위에 고정되어 있다. 숨은 숨에 의해서 진행된다. 숨은 숨을 주며, [숨은] 숨에게 준다. 숨은 아버지이며, 숨은 어머니이며, 숨은 형제이며, 숨은 자매이며, 숨은 스승이며, 숨은 바라문이다."

prāṇo vāva āśāyā bhūyān । yathā vā arānābhau samarpitā evam asmin prāṇe sarvaṃ samarpitam । prāṇaḥ prāṇena yāti । prāṇaḥ prāṇaṃ dadāti । prāṇāya dadāti । prāṇo ha pitā । prāṇo mātā । prāṇo bhrātā । prāṇaḥ svasā । prāṇa ācāryaḥ । prāṇo brāhmaṇaḥ ॥

2. [사나트쿠마라는 말했다.] "[그러므로] 만약 어떤 사람이 [숨이 있는 동안] 아버지, 어머니, 형제, 자매, 스승, 바라문, 혹은 누군가에게 거칠게 말하면, '그대는 비난받아야 한다.'라고 말하거나, '그대는 아버지를 해치는 자이다. 그대는 어머니를 해치는 자이다. 그대는 형제를 해치는 자이다. 그대는 자매를 해치는 자이다. 그대는 스승을 해치는 자이다. 그대는 바라문을 해치는 자이다.'라고 말하는 것이다."

sa yadi pitaraṃ vā mātaraṃ vā bhrātaraṃ vā svasāraṃ vācāryaṃ vā brāhmaṇaṃ vā kiṃcid bhṛśam iva pratyāha । dhik tvāstv ity evainam āhuḥ । pitṛhā vai tvam asi mātṛhā vai tvam asi bhrātṛhā vai tvam asi svasṛhā vai tvam asy ācāryahā vai tvam asi brāhmaṇahā vai tvam asīti ||

3. [사나트쿠마라는 말했다.] "그러나 숨이 떠나가면 부지깽이로 그 [시신]들을 모아서 태워도 그에게 아버지를 해치는 자, 어머니를 해치는 자, 형제를 해치는 자, 누이를 해치는 자, 스승을 해치는 자, 바라문을 해치는 자라고 말하지 않는다."
atha yady apy enān utkrāntaprāṇāñ chūlena samāsaṃ vyatiṣaṃdahet | naivainaṃ brūyuḥ pitṛhāsīti na mātṛhāsīti na bhrātṛhāsīti na svasṛhāsīti nā cāryahāsīti na brāhmaṇahāsīti ||

4. [사나트쿠마라는 말했다.] "왜냐하면 숨은 이 모든 것들이기 때문이다. 그것을 그렇게 보고, 그렇게 생각하고, 그렇게 분별하는 자, 그는 [말을] 넘어선 것을 말하는 자가 된다. 만일 사람들이 그에게 '그대는 [말을] 넘어선 것을 말하는 자이다.'라고 말하면, 그는 '그렇다. 나는 [말을] 넘어선 것을 말하는 자이다.'라고 말하면서 부인하지 않을 것이다."
prāṇo hy evaitāni sarvāṇi bhavati | sa vā eṣa evaṃ paśyann evaṃ manvāna evaṃ vijānann ativādī bhavati | taṃ ced brūyur ativādy asīti | ativādy asmīti brūyāt | nāpahnuvīta ||

열여섯 번째 칸다 : 진리의 탐구

1. [사나트쿠마라는 계속해서 말했다.] "[왜냐하면] 진리에 의해서 [말을] 넘어선 것을 말하는 자는 [말을] 넘어선 것을 말하기 [때문]이다." [그러자 나라다가 말했다.] "스승님, 저는 진리에 의해서 [말을] 넘어선 것을 말하겠습니다." [그러자 사나트쿠마라는 다시 말했다.] "그렇다면 진리를 분별해서 알아야 한다." [그러자 나라다가 말했다.] "스승님, 저는

진리를 분별해서 알고자 합니다."

eṣa tu vā ativadati yaḥ satyenātivadati । so 'ham bhagavah satyenātivadānīti । satyaṁ tv eva vijijñāsitavyam iti । satyam bhagavo vijijñāsa iti ॥

열일곱 번째 칸다 : 지식의 탐구

1. [그러자 사나트쿠마라는 말했다.] "사람은 [무언가를] 알 때 진리를 말한다. [그러나] 알지 못하면 진리를 말하지 않는다. 실로 [무언가를] 아는 사람만이 진리를 말하는 것이다. 그러므로 지식을 알아야 한다." [그러자 나라다가 말했다.] "스승님, 저는 지식을 알고자 합니다."

yadā vai vijānāty atha satyaṃ vadati । nāvijānan satyaṃ vadati । vijānann eva satyaṃ vadati । vijñānaṃ tv eva vijijñāsitavyam iti । vijñānaṃ bhagavo vijijñāsa iti ॥

열여덟 번째 칸다 : 생각의 탐구

1. [그러자 사나트쿠마라는 말했다.] "사람은 [무언가를] 생각할 때 [무언가를] 안다. [그러나] 생각하지 않으면 [아무 것도] 알지 못한다. 실로 [무언가를] 생각하는 사람만이 [무언가를] 아는 것이다. 그러므로 생각을 알아야 한다." [그러자 나라다가 말했다.] "스승님, 저는 생각을 알고자 합니다."

yadā vai manute 'tha vijānāti । nāmatvā vijānāti । matvaiva vijānāti । matis tv eva vijijñāsitavyeti । matiṃ bhagavo vijijñāsa iti ||

열아홉 번째 칸다 : 믿음의 탐구

1. [그러자 사나트쿠마라는 말했다.] "사람은 믿음을 가졌을 때 [무언가를] 생각한다. [그러나] 믿음을 갖지 못하면 생각하지 않는다. 실로 믿음을 가진 사람만이 [무언가를] 생각하는 것이다. 그러므로 믿음을 알아야 한다." [그러자 나라다가 말했다.] "스승님, 저는 믿음을 알고자 합니다."

yadā vai śraddadhāty atha manute | nāśraddadhan manute | śraddadhad eva manute | śraddhā tv eva vijijñāsitavyeti | śraddhāṃ bhagavo vijijñāsa iti ||

스무 번째 칸다 : 건실함의 탐구

1. [그러자 사나트쿠마라는 말했다.] "사람은 건실할 때 믿음을 갖는다. [그러나] 건실하지 않은 사람은 믿음을 갖지 못한다. 실로 건실한 사람만이 믿음을 갖는다. 그러므로 건실함을 알아야 한다." [그러자 나라다가 말했다.] "스승님, 저는 건실함을 알고자 합니다."

yadā vai nistiṣṭhaty atha śraddadhāti | nānistiṣṭhañ chraddadhāti | nistiṣṭhann eva śraddadhāti | niṣṭhā tv eva vijijñāsitavyeti | niṣṭhāṃ bhagavo vijijñāsa iti ||

스물한 번째 칸다 : 행위의 탐구

1. [그러자 사나트쿠마라는 말했다.] "실로 사람은 행위할 때 건실해진다. [그러나] 행위하지 않으면 건실해지지 못한다. 사람은 오직 행위에 의해서 건실해진다. 그러므로 행위에 대해서 알아야 한다." [그러자 나라다가 말했다.] "스승님, 저는 행위에 대해서 알고자 합니다."
yadā vai karoty atha nistiṣṭhati । nākṛtvā nistiṣṭhati । kṛtvaiva nistiṣṭhati । kṛtis tv eva vijijñāsitavyeti । kṛtiṃ bhagavo vijijñāsa iti ॥

스물두 번째 칸다 : 즐거움의 탐구

1. [그러자 사나트쿠마라는 말했다.] "사람은 즐거움이 얻어질 때 행위한다. [그러나] 즐거움이 얻어지지 않으면 행위하지 않는다. [사람은] 오직 즐거움이 얻어질 때 행위한다. 그러므로 사람은 즐거움을 알아야 한다." [그러자 나라다가 말했다.] "스승님, 저는 즐거움을 알고자 합니다."
yadā vai sukhaṃ labhate 'tha karoti । nāsukhaṃ labdhvā karoti । sukham eva labdhvā karoti । sukhaṃ tv eva vijijñāsitavyam iti । sukhaṃ bhagavo vijijñāsa iti ॥

스물세 번째 칸다 : 풍요로운 것의 탐구

1. [그러자 사나트쿠마라는 말했다.] "풍요로운 것 그것이 즐거움이다. [그러나] 부족한 것에는 즐거움이 없다. 실로 풍요로운 것이 즐거움이다. 그러므로 사람은 풍요로운 것을 알아야 한다." [그러자 나라다가 말했다.] "스승님, 저는 풍요로운 것을 알고자 합니다."
yo vai bhūmā tat sukham । nālpe sukham asti । bhūmaiva sukham । bhūmā tv eva vijijñāsitavya iti । bhūmānaṃ bhagavo vijijñāsa iti ॥

스물네 번째 칸다 : 풍요로운 것과 자기 자신

1. [그러자 사나트쿠마라는 말했다.] "다른 것이 보이지 않고, 다른 것이 들리지 않고, 다른 것이 알려지지 않는 상태, 그것이 풍요로운 것이다. 그러나 다른 것이 보이고, 다른 것이 들리고, 다른 것이 알려지는 상태, 그것은 부족한 것이다. 풍요로운 것은 불멸하는 것이다. 그러나 부족한 것은 소멸하는 것이다."
[그러자 나라다가 말했다.] "스승님, 그 [풍요로운] 것은 무엇 위에 세워져 있습니까?" [그러자 사나트쿠마라는 말했다.] "그 자신의 위대함의 위에 [세워져 있다.] 혹은 그 위대함의 위가 아닐지도 [모른다]."
yatra nānyat paśyati nānyac chṛṇoti nānyad vijānāti sa bhūmā । atha yatrānyat paśyaty anyac chṛṇoty anyad vijānāti tad alpam । yo vai bhūmā tad amṛtam । atha yad alpaṃ tan martyam । sa bhagavaḥ kasmin pratiṣṭhita iti । sve mahimni yadi vāna

mahimnīti ॥

2. [사나트쿠마라는 말했다.] "사람들은 소와 말, 코끼리와 금, 노예와 아내, 집과 밭을 위대한 것이라고 부르지만, 나는 그렇게 말하지 않는다. 왜냐하면 그것들은 다른 사물 위에 세워져 있기 때문이다."
go 'śvam iha mahimety ācakṣate hastihiraṇyaṃ dāsabhāryaṃ kṣetrāṇy āyatanānīti । nāham evaṃ bravīmi । bravīmīti hovāca । anyo hy anyasmin pratiṣṭhita iti ॥

스물다섯 번째 칸다 : 자기 자신과 아트만

1. [사나트쿠마라는 말했다.] "그 [위대한 것]은 아래에 있다. 그 [위대한 것]은 위에 있다. 그 [위대한 것]은 서쪽에 있다. 그 [위대한 것]은 동쪽에 있다. 그 [위대한 것]은 남쪽에 있다. 그 [위대한 것]은 북쪽에 있다. 그 [위대한 것]은 이 모든 것이다."
[사나트쿠마라는 계속해서 말했다.] "이제 개별적인 자아(ahaṃkāra)에 대한 가르침은 다음과 같다. 나는 아래에 있다. 나는 위에 있다. 나는 서쪽에 있다. 나는 동쪽에 있다. 나는 남쪽에 있다. 나는 북쪽에 있다. 나는 이 모든 것이다."
sa evādhastāt sa upariṣṭāt sa paścāt sa purastāt sa dakṣiṇataḥ sa uttarataḥ । sa evedaṃ sarvam iti । athāto 'haṃkārādeśa eva । aham evādhastād aham upariṣṭād ahaṃ paścād ahaṃ purastād ahaṃ dakṣiṇato 'ham uttarato 'ham evedaṃ sarvam iti ॥

2. [사나트쿠마라는 말했다.] "이제 아트만에 대한 가르침은 다음과 같다.

아트만은 아래에 있다. 아트만은 위에 있다. 아트만은 서쪽에 있다. 아트만은 동쪽에 있다. 아트만은 남쪽에 있다. 아트만은 북쪽에 있다. 아트만은 이 모든 것이다. 그렇게 보고, 그렇게 생각하고, 그렇게 알고, 아트만 속에서 기뻐하고, 아트만 속에서 뛰놀고, 아트만 속에서 환희하는 자, 그는 자기 자신의 통치자가 된다. 그는 모든 세계에서 자유롭게 행동하게 된다. 그러나 그것을 [그것과] 다르게 아는 자, 그는 다른 자의 통치를 받는 자, 소멸하는 세계 속에 [있는] 자가 된다. 그는 모든 세계에서 자유롭게 행동할 수 없게 된다."

athāta ātmādeśa eva । ātmaivādhastād ātmopariṣṭād ātmā paścād ātmā purastād ātmā dakṣiṇata ātmottarata ātmaivedaṃ sarvam iti । sa vāeṣa evaṃ paśyann evaṃ manvāna evaṃ vijānann ātmaratir ātmakrīḍa ātmamithuna ātmānandaḥ sa svarāḍ bhavati । tasya sarveṣu lokeṣu kāmacāro bhavati । atha ye 'nyathāto vidur anyarājānas te kṣayyalokā bhavanti । teṣāṃ sarveṣu lokeṣv akāmacāro bhavati ॥

스물여섯 번째 칸다 : 아트만을 아는 자

1. [사나트쿠마라는 말했다.] "그렇게 보고, 그렇게 생각하고, 그렇게 아는 자, 그의 아트만으로부터 숨이 생겨나며, 그의 아트만으로부터 소망이 생겨나며, 그의 아트만으로부터 기억이 생겨나며, 그의 아트만으로부터 허공이 생겨나며, 그의 아트만으로부터 불이 생겨나며, 그의 아트만으로부터 물이 생겨나며, 그의 아트만으로부터 현현과 소멸이 생겨나며, 그의 아트만으로부터 음식이 생겨나며, 그의 아트만으로부터 힘이 생겨나며, 그의 아트만으로부터 지식이 생겨나며, 그의 아트만으

로부터 명상이 생겨나며, 그의 아트만으로부터 생각이 생겨나며, 그의 아트만으로부터 의도가 생겨나며, 그의 아트만으로부터 마음이 생겨나며, 그의 아트만으로부터 말이 생겨나며, 그의 아트만으로부터 이름이 생겨나며, 그의 아트만으로부터 주문이 생겨나며, 그의 아트만으로부터 행위가 생겨나며, 그의 아트만으로부터 이 모든 것들이 생겨난다."

tasya ha vā etasyaivaṃ paśyata evaṃ manvānasyaivaṃ vijānata ātmataḥ prāṇa ātmata āśātmataḥ smara ātmata ākāśa ātmatas teja ātmata āpa ātmata āvirbhāvatirobhāvāv ātmato 'nnam ātmato balam ātmato vijñānam ātmato dhyānam ātmataś cittam ātmataḥ saṃkalpa ātmato mana ātmato vāg ātmato nāmātmato mantrā ātmataḥ karmāṇy ātmata evedaṃ sarvam iti ‖

2. 여기 다음과 같은 게송이 있다.

tad eṣa ślokaḥ |

[그것을 아는] 현자는 죽음을 보지 않으며, 질병이나 고통도 보지 않는다.
[그것을 아는] 현자는 모든 것을 보며, 모든 것을 완전히 성취한다.
na paśyo mṛtyuṃ paśyati na rogaṃ nota duḥkhatām |
sarvaṃ ha paśyaḥ paśyati sarvam āpnoti sarvaśaḥ | iti |

그 아트만은 하나가 되고, 셋이 되고, 다섯이 되고,
일곱이 되고, 아홉이 된다. 또 [그것은] 열하나라고도 말해지고,
백열하나라고도 이만(二萬)이라고도 [말해진다].[089]
sa ekadhā bhavati tridhā bhavati pañcadhā |

saptadhā navadhā caiva punaś caikādaśa smṛtaḥ ।
śataṃ ca daśa caikaś ca sahasrāṇi ca viṃśatiḥ ।

음식이 청정하면 존재가 청정해진다. 존재가 청정해지면 가르침이 확고해진다. 가르침이 얻어지면 모든 번뇌에서 벗어나게 된다. [이처럼] 번뇌를 없앤 [나라다]에게 존자 사나트쿠마라는 어둠 저편의 언덕을 보여준다. 사람들은 그를 스칸다라고 부른다. 사람들은 그를 스칸다라고[090] 부른다.”

āhāraśuddhau sattvaśuddhiḥ । sattvaśuddhau dhruvā smṛtiḥ । smṛtilambhe sarvagranthīnāṃ vipramokṣaḥ । tasmai mṛditakaṣāyāya tamasas pāraṃ darśayati bhagavān sanatkumāraḥ । taṃ skanda ity ācakṣate । taṃ skanda ity ācakṣate ॥

여덟 번째 프라파타카

심장 속에 있는 아트만과
아트만에 대한 프라자파티의 가르침

여덟 번째 프라파타카 : 심장 속에 있는 아트만과 아트만에 대한 프라자파티의 가르침

첫 번째 칸다 : 심장과 세계 속에 있는 아트만

1. 브라만의 도시 속에 작은 연꽃을 닮은 작은 집이 있고, 그 속에 [작은] 공간이 있다.[091] 그 [공간] 속에 있는 것, 그것은 찾아져야 하고 알려져야 한다.

atha yad idam asmin brahmapure daharaṃ puṇḍarīkaṃ veśma daharo 'sminn antarākāsaḥ ׀ tasmin yad antas tad anveṣṭavyaṃ tad vāva vijijñāsitavyam iti ‖

2. 만약 [제자]들이 [스승]에게 "브라만의 도시 속에 작은 연꽃을 닮은 작은 집, 그 속의 공간 속에 있는 찾아져야 하고 알려져야 하는 것, 그것은 어떻게 알려지는 것입니까?"라고 묻는다면, 그 [스승]은 이렇게 말할 것이다.

taṃ ced brūyur yad idam asmin brahmapure daharaṃ puṇḍarīkaṃ veśma daharo 'sminn antarākāśaḥ kiṃ tad atra vidyate yad anveṣṭavyaṃ yad vāva vijijñāsitavyam iti ׀ sa brūyāt ‖

3. "[바깥에 있는] 허공이 커지는 만큼 심장 속에 있는 공간도 [커진다]. 그 둘[092] 속에 하늘과 땅, 불과 바람, 해와 달, 번개와 별들이 들어 있다. 이 세상에 존재하는 것과 이 세상에 존재하지 않는 것, 그 모든 것이 그 속에 들어 있다."

yāvān vā ayam ākāśas tāvān eṣo 'ntarhṛdaya ākāśaḥ । ubhe 'smin dyāvāpṛthivī antar eva samāhite । ubhāv agniś ca vāyuś ca sūryā-candramasāv ubhau vidyun nakṣatrāṇi । yac cāsyehāsti yac ca nāsti sarvaṃ tad asmin samāhitam iti ॥

4. 혹은 [제자]들이 스승에게 "그 브라만의 도시 속에 모든 존재와 모든 소망 등과 같이 모든 것이 들어 있다면, 그 [브라만의 도시]가 늙음을 만나거나 소멸하게 되면 거기에 무엇이 남습니까?"라고 물을지도 모른다.

taṃ ced brūyur asmiṃś cedaṃ brahmapure sarvaṃ samāhitaṃ sarvāṇi ca bhūtāni sarve ca kāmā yadaitaj jarā vāpnoti pradhvaṃ-sate vā kiṃ tato 'tiśiṣyata iti ॥

5. [그러면 스승]은 이렇게 말할 것이다. "이 [세상 사람]들이 늙어도 그것은 늙지 않으며, 죽음에 의해서 죽여지지 않는다. 그 브라만의 도시는 진실이며, 그 속에 소망이 들어 있다. 그 [브라만의 도시 속에 있는 것]은 악에서 자유로우며, 늙지 않으며, 죽지 않으며, 슬픔도 없고, 배고픔도 없고, 갈증도 없는 아트만이다. 그 [아트만]의 소망은 진실하며, 그의 의도도 진실하다. 사람들이 [왕의] 명령에 따르는 것처럼, 사람들은 좋아하는 마을과 좋아하는 경작지 속에서 그 [아트만]에 의지해서 살아간다."

sa brūyāt । nāsya jarayaitaj jīryati na vadhenāsya hanyate । etat satyaṃ brahmapuram asmin kāmāḥ samāhitāḥ। eṣa ātmāpahata-pāpmā vijaro vimṛtyur viśoko vijighatso 'pipāsaḥ satyakāmaḥ satyasaṃkalpaḥ। yathā hy eveha prajā anvāviśanti yathānuśāsa-nam। yaṃ yam antam abhikāmā bhavanti yaṃ janapadaṃ yaṃ kṣetrabhāgaṃ taṃ tam evopajīvanti ॥

6. [스승은 또 이렇게 말할 것이다.] "업에 의해서 얻어진 세계가 파괴되는 것처럼, 공덕에 의해서 얻어진 세계도 파괴된다. 이 세상에서 아트만을 알지 못하고, [아트만]의 진실한 소망을 알지 못하고 죽는 사람들, 그들은 모든 세계에서 자유롭게 행동하지 못한다. 그러나 아트만을 알고, [아트만]의 진실한 소망을 알고 죽는 사람들, 그들은 모든 세계에서 자유롭게 행동하게 된다."
tad yatheha karmajito lokaḥ kṣīyata evam evāmutra puṇyajito lokaḥ kṣīyate। tad ya ihātmānam ananuvidya vrajanty etāṃś ca satyān kāmāṃs teṣāṃ sarveṣu lokeṣv akāmacāro bhavati। atha ya ihātmānam anuvidya vrajanty etaṃś ca satyān kāmāṃs teṣāṃ sarveṣu lokeṣu kāmacāro bhavati ॥

두 번째 칸다 : 아트만을 아는 사람의 성취

1. [아트만을 아는 사람]이 조상들의 세계를 소망하면, [그의] 의도로부터 조상들이 나타난다. [그의] 성취는 조상들의 세계에 의해서 더욱 커진다.
sa yadi pitṛlokakāmo bhavati। saṃkalpād evāsya pitaraḥ samutti-ṣṭhanti। tena pitṛlokena saṃpanno mahīyate ॥

2. [아트만을 아는 사람]이 어머니들의 세계를 소망하면, [그의] 의도로부터 어머니들이 나타난다. [그의] 성취는 어머니들의 세계에 의해서 더욱 커진다.

atha yadi mātṛlokakāmo bhavati । saṃkalpād evāsya mātaraḥ samuttiṣṭhanti । tena mātṛlokena saṃpanno mahīyate ॥

3. [아트만을 아는 사람]이 형제들의 세계를 소망하면. [그의] 의도로부터 형제들이 나타난다. [그의] 성취는 형제들의 세계에 의해서 더욱 커진다.

atha yadi bhrātṛlokakāmo bhavati । saṃkalpād evāsya bhrātaraḥ samuttiṣṭhanti । tena bhrātṛlokena saṃpanno mahīyate ॥

4. [아트만을 아는 사람]이 누이들의 세계를 소망하면, [그의] 의도로부터 누이들이 나타난다. [그의] 성취는 누이들의 세계에 의해서 더욱 커진다.

atha yadi svasṛlokakāmo bhavati । saṃkalpād evāsya svasāraḥ samuttiṣṭhanti । tena svasṛlokena saṃpanno mahīyate ॥

5. [아트만을 아는 사람]이 친구들의 세계를 소망하면, [그의] 의도로부터 친구들이 나타난다. [그의] 성취는 친구들의 세계에 의해서 더욱 커진다.

atha yadi sakhilokakāmo bhavati । saṃkalpād evāsya sakhāyaḥ samuttiṣṭhanti । tena sakhilokena saṃpanno mahīyate ॥

6. [아트만을 아는 사람]이 향기와 꽃의 세계를 소망하면, [그의] 의도로부터 향기와 꽃들이 나타난다. [그의] 성취는 향기와 꽃의 세계에 의해서

더욱 커진다.

atha yadi gandhamālyalokakāmo bhavati । saṃkalpād evāsya gandhamālye samuttiṣṭhataḥ । tena gandhamālyalokena saṃpanno mahīyate ॥

7. [아트만을 아는 사람]이 음식과 음료의 세계를 소망하면, [그의] 의도로부터 음식과 음료들이 나타난다. [그의] 성취는 음식과 음료의 세계에 의해서 더욱 커진다.

atha yady annapānalokakāmo bhavati । saṃkalpād evāsyānnapāne samuttiṣṭhataḥ । tenānnapānalokena saṃpanno mahīyate ॥

8. [아트만을 아는 사람]이 음악과 노래의 세계를 소망하면, [그의] 의도로부터 음악과 노래들이 나타난다. [그의] 성취는 음악과 노래의 세계에 의해서 더욱 커진다.

atha yadi gītavāditalokakāmo bhavati । saṃkalpād evāsya gītavādite samuttiṣṭhataḥ । tena gītavāditalokena saṃpanno mahīyate ॥

9. [아트만을 아는 사람]이 여자들의 세계를 소망하면, [그의] 의도로부터 여자들이 나타난다. [그의] 성취는 여자들의 세계에 의해서 더욱 커진다.

atha yadi strīlokakāmo bhavati । saṃkalpād evāsya striyaḥ samuttiṣṭhanti । tena strīlokena saṃpanno mahīyate ॥

10. [이와 같이 아트만을 아는 사람]이 [마음] 속으로 바라는 것들, 그가 소망하는 것들은 모두 [그의] 의도로부터 나타난다. [그의] 성취는 그

것들에 의해서 더욱 커진다.

yaṃ yam antam abhikāmo bhavati । yaṃ kāmaṃ kāmayate । so 'sya saṃkalpād eva samuttiṣṭhati । tena saṃpanno mahīyate ॥

세 번째 칸다 : 아트만의 진실한 소망

1. [그런데] 그 [아트만]의 진실한 소망은 거짓에 덮혀 있다. 그 [소망]들은 진실이지만 거짓의 덮개를 가지고 있다. [그러므로] 이 세상에서 [아트만을 아는 자가]가 죽으면 그를 이 세상에서 보지 못한다.

ta ime satyāḥ kāmā anṛtāpidhānāḥ । teṣāṃ satyānāṃ satām anṛtam apidhānam । yo yo hy asyetaḥ praiti na tam iha darśanāya labhate ॥

2. [이미] 죽은 자와 다른 사람들이 원해도 볼 수 없는 자 등, 이 세상의 모든 중생들은 여기에 가면 [모두] 찾을 수 있다. 왜냐하면 그의 진실한 소망은 거짓의 덮개를 가지고 있기 때문이다. 보물이 숨겨져 있는 장소를 모르는 사람들이 여러 번 지나가도 [그 보물을] 찾지 못하듯이, 이 세상의 모든 중생들은 [깊은 잠 속에서] 날마다 브라만의 세계로 가지만 [아트만]을 찾지 못한다. 왜냐하면 [중생들은] 거짓에 의해서 인도되기 때문이다.

atha ye cāsyeha jīvā ye ca pretā yac cānyad icchan na labhate sarvaṃ tad atra gatvā vindate । atra hy asyaite satyāḥ kāmā anṛtāpidhānāḥ । tad yathāpi hiraṇyanidhiṃ nihitam akṣetrajñā upary upari sañcaranto na vindeyuḥ । evam evemāḥ sarvāḥ prajā ahar ahar gacchantya etaṃ brahmalokaṃ na vindanty anṛtena hi pratyūḍhāḥ ||

3. 그 아트만은 심장 속에 있다. [심장]의 어원학적 해석은 '심장에(hṛt) 그것이(ayam) 있다.'이다. 그러므로 '심장'이라고 한다. 이것을 아는 자는 날마다 하늘 세계로 간다.

sa vā eṣa ātmā hṛdi | tasyaitad eva niruktaṃ hṛdy ayam iti tasmād hṛdayam | ahar ahar vā evaṃvit svargaṃ lokam eti ||

4. 몸으로부터 일어나서 최고의 빛에 도달하고, 자신의 본성에 의해 드러나는 그 고요한 것,[093] 그것을 아트만라고 부른다. 그것이 바로 죽음을 넘어서 있는 두려움 없는 브라만이다. 그 브라만의 이름은 진실이다.

atha ya eṣa saṃprasādo 'smāc charīrāt samutthāya paraṃ jyotir upasaṃpadya svena rūpenābhiniṣpadyata eṣa ātmeti hovāca | etad amṛtam abhayam etad brahmeti | tasya ha vāetasya brahmaṇo nāma satyam iti ||

5. 그런데 [진실]은 삿-티-얌(sat-ti-yam)이라는 세 음절이다. 사트(sat, 존재)는 죽음을 넘어선 것이다. 티(ti)는 죽는 것이다.[094] 그리고 그 둘은 얌(yam)에 의해서 지탱된다. 그 둘은 [얌]에 의해서 지탱되므로 '얌'이라고 한다.[095] 이것을 아는 자는 날마다 하늘 세계로 간다.

tāni ha vā etāni trīṇy akṣarāṇi sattiyam iti | tad yat sat tad amṛtam | atha yat ti tan martyam | atha yad yaṁ tenobhe yacchati | yad anenobhe yacchati tasmād yam | ahar ahar vā evaṁvit svargaṁ lokam eti

네 번째 칸다 : 아트만은 세계를 연결하는 다리

1. 아트만은 분리되어 있는 세계들을 연결하는 다리이다. 낮과 밤은 그 다리를 건너가지 못한다. 늙음도 죽음도 슬픔도 선행도 [그 다리를 건너가지 못한다]. 거기서 모든 악(惡)은 물러난다. 왜냐하면 그것은 악을 물리치기 때문이다. 그것은 브라만의 세계이다.

   atha ya ātmā sa setur vidhṛtir eṣāṃ lokānām asaṃbhedāya । naitaṃ setum ahorātre tarato na jarāna mṛtyur na śoko na sukṛtam । sarve pāpmāno 'to nivartante । apahatapāpmā hy eṣa brahmalokaḥ ॥

2. 그러므로 그 다리를 건너면 장님도 장님이 아닌 것이 되고, 다친 자도 다친 자가 아닌 것이 되며, 아픈 자도 아픈 자가 아닌 것이 된다. 그러므로 그 다리를 건너면 밤도 낮과 같이 된다. 왜냐하면 그 브라만의 세계는 항상 밝기 때문이다.

   tasmād vā etaṃ setuṃ tīrtvā andhaḥ sann anandho bhavati । viddhaḥ sann aviddho bhavati । upatāpī sann anupatāpī bhavati । tasmād vā etaṃ setuṃ tīrtvā api naktam ahar evābhiniṣpadyate । sakṛd vibhāto hy evaiṣa brahmalokaḥ॥

3. 신성한 지식을 공부하는 학생의 삶을 통해서 브라만의 세계에 도달한 사람들, 그 브라만의 세계는 바로 그들의 것이다. 그들은 모든 세계들 속에서 자유롭게 행동하게 된다.

   tad ya evaitaṃ brahmalokaṃ brahmacaryeṇānuvindanti teṣām evaiṣa brahmalokaḥ । teṣāṃ sarveṣu lokeṣu kāmacāro bhavati ॥

다섯 번째 칸다 : 신성한 지식과 아트만

1. 사람들이 '야즈냐(yajña, 제사)'라고 부르는 것은 신성한 지식을 공부하는 것이다. 왜냐하면 현명한 사람은 신성한 지식에 대한 공부를 통해서 [아트만]을 찾을 수 있기 때문이다. 사람들이 '이슈타(iṣṭa, 제사지냄)'라고 부르는 것도 신성한 지식을 공부하는 것이다. 왜냐하면 사람들은 신성한 지식에 대한 공부를 가지고 제사지낸 후에 아트만을 찾을 수 있기 때문이다.

atha yad yajña ity ācakṣate brahmacaryam eva tat । brahmacaryeṇa hy eva yo jñātā taṃ vindate । atha yad iṣṭam ity ācakṣate brahmacaryam eva tat । brahmacaryeṇa hy eveṣṭvātmānam anuvindate ॥

2. 사람들이 '사트라야나(sattrāyaṇa, 제사의 과정)'라고 부르는 것도 신성한 지식을 공부하는 것이다. 왜냐하면 사람들은 신성한 지식에 대한 공부를 통해서 진실한 아트만의 보호를 얻을 수 있기 때문이다. 사람들이 '마우나(mauna, 침묵의 준수)'라고 부르는 것도 신성한 지식을 공부하는 것이다. 왜냐하면 사람들은 신성한 지식에 대한 공부를 통해서 아트만을 찾은 후에 생각할 수 있기 때문이다.

atha yat sattrāyaṇam ity ācakṣate brahmacaryam eva tat । brahmacaryeṇa hy eva sata ātmanas trāṇaṃ vindate । atha yan maunam ity ācakṣate brahmacaryam eva tat । brahmacaryeṇa hy evātmānam anuvidya manute ॥

3. 사람들이 '아나샤카야나(anāśakāyana, 단식의 고행)'[*096]라고 부르는 것도

신성한 지식을 공부하는 것이다. 왜냐하면 신성한 지식에 대한 공부를 통해서 찾은 아트만만이 소멸하지 않기 때문이다. 사람들이 '아라나야나(araṇyāyana, 숲으로 가는 길)'라고 부르는 것도 신성한 지식을 공부하는 것이다.

브라만의 세계에는 '아라(ara)'와 '니야(ṇya)'라고 하는 두 개의 바다가 있으며, 세 번째 부분을 이루는 것은 하늘이다. 거기에는 마시면 즐거워지는 연못이 있으며, 소마를 산출하는 무화과 나무가 있으며, 황금으로 지어진 훌륭하고 무너지지 않는 브라만의 성이 있다.

atha yad anāśakāyanam ity ācakṣate brahmacaryam eva tat । eṣa hy ātmāna naśyati yaṃ brahmacaryeṇānuvindate । atha yad araṇyāyanam ity ācakṣate brahmacaryam eva tat । tat araś ca ha vai ṇyaś cārṇavau brahmaloke tṛtīyasyām ito divi । tad airaṃmadīyaṃ saraḥ । tad aśvatthaḥ somasavanaḥ । tad aparājitā pūr brahmaṇaḥ prabhuvimitaṃ hiraṇmayam ॥

4. 신성한 지식에 대한 공부를 통해서 브라만의 세계에서 '아라'와 '니야'라는 두 개의 바다를 찾은 사람들, 브라만의 세계는 바로 그들의 것이다. 그들은 모든 세계에서 자유롭게 행동하게 된다.

tad ya evaitāv araṃ ca ṇyaṃ cārṇavau brahmaloke brahmacaryeṇānuvindanti teṣām evaiṣa brahmalokaḥ । teṣāṃ sarveṣu lokeṣu kāmacāro bhavati ॥

여섯 번째 칸다 : 불사로 가는 길

1. 심장에는 적갈색, 흰색, 푸른색, 노란색, 붉은색의 가느다란 맥관(脈管)

들이 존재한다고 말해진다. 그런데 저 태양은 적갈색이고, 흰색이고, 푸른색이고, 노란색이고, 붉은색이다.

atha yā etā hṛdayasya nāḍyas tāḥ piṅgalasyāṇimnas tiṣṭhanti śuklasya nīlasya pītasya lohitasyeti । asau vādityaḥ piṅgala eṣa śukla eṣa nīla eṣa pīta eṣa lohitaḥ ॥

2. 넓고 큰 길이 이쪽과 저쪽에 있는 두 개의 마을로 뻗어가는 것처럼, 저 태양의 빛살들도 이쪽과 저쪽에 있는 두 개의 세계로 뻗어간다. 그 [빛살]들은 저 태양으로부터 뻗어나와 이 맥관들 속으로 들어오고, 그 [빛살]들은 이 맥관들로부터 뻗어나와 저 태양 속으로 들어간다.

tad yathā mahāpatha ātata ubhau grāmau gacchatīmaṃ cāmuṃ caivam evaitā ādityasya raśmaya ubhau lokau gacchantīmaṃ cāmuṃ ca । amuṣmād ādityāt pratāyante tā āsu nāḍīṣu sṛptāḥ । ābhyo nāḍībhyaḥ pratāyante te 'muṣminn āditye sṛptāḥ ॥

3. [사람]이 고요하고 맑게 잠들어서 꿈도 꾸지 않을 때, 그는 이 맥관들 속으로 들어가게 되며, 어떤 악도 그를 건드릴 수 없다. 왜냐하면 그 때 그는 밝은 빛 속으로 들어갔기 때문이다.

tad yatraitat suptaḥ samastaḥ saṃprasannaḥ svapnaṃ na vijānāti । āsu tadā nāḍīṣu sṛpto bhavati । taṃ na kaścana pāpmā spṛśati । tejasā hi tadā saṃpanno bhavati ॥

4. 그런데 [사람]이 병들게 되면, 사람들은 그 주변에 둘러앉아 이렇게 말한다. '그대는 나를 알겠는가? 그대는 나를 알겠는가?' 그가 이 몸에서 떠나지 않았다면 그는 [그 사람들을] 안다.

atha yatraitad abalimānaṃ nīto bhavati । tam abhita āsīnā āhur jānāsi māṃ jānāsi mām iti । sa yāvad asmāc charīrād anutkrānto bhavati । tāvaj jānāti ॥

5. 그러나 그가 이 몸에서 떠났다면, 그는 저 태양의 빛살들을 따라서 위로 올라간다. 그는 '옴'이라고 말하면서 죽음으로 간다. 그는 마음을 벗어나서 태양에게로 간다. 그 [태양]은 [브라만] 세계로 가는 문이다. [그것은] 현자들에게는 입구가 되고, 무지한 자들에게는 장애가 된다.
atha yatraitad asmāc charīrād utkrāmati । athaitair eva raśmibhir ūrdhvam ākramate । sa om iti vā hod vā mīyate । sa yāvat kṣipyen manas tāvad ādityaṃ gacchati । etad vai khalu lokadvāraṃ viduṣāṃ prapadanaṃ nirodho 'viduṣām ॥

6. 여기 다음과 같은 게송이 있다.
tad eṣa ślokaḥ ।

심장에 백한 개의 맥관들이 있는데, 그 가운데 하나는 머리로 가는 [맥관]이다.
[사람은] 그것을 통해서 불사(不死)에 도달하며, 다른 [맥관]들을 [통해서] 여러 곳으로 가게 된다. 가게 된다.[097]
śataṃ caikā ca hṛdayasya nāḍyas tāsāṃ mūrdhānam abhiniḥsṛtaikā ।
tayordhvam āyann amṛtatvam eti viṣvaṅṅ anyā utkramaṇe bhavanty utkramaṇe bhavanti ॥

일곱 번째 칸다 : 프라자파티의 가르침

1. 프라자파티가 말했다. "악에서 자유롭고, 늙지 않고, 죽지 않고, 슬픔도 없고, 배고픔도 없고, 목마름도 없고, 욕망이 진실하고, 사유도 진실한 아트만, 그 [아트만]은 탐구되어야 하며, 알고자 해야 한다. 그 아트만을 완전하게 알고 이해한 사람은 모든 세계를 얻으며, 모든 욕망을 달성한다."

ya ātmā apahatapāpmā vijaro vimṛtyur viśoko vijighatso 'pipāsaḥ satyakāmaḥ satyasaṃkalpaḥso 'nveṣṭavyaḥ sa vijijñāsitavyaḥ । sa sarvāṃś ca lokān āpnoti sarvāṃś ca kāmān yas tam ātmānam anuvidya vijānātīti ha prajāpatir uvāca ॥

2. 신들과 아수라들이 그 말을 들었다. 그러자 그들은 말했다. "모든 세계와 모든 소망을 성취하게 하는 그 아트만을 찾아내자." 그러자 신들 중에서 인드라가, 아수라들 중에서 비로차나가 [프라자파티에게] 갔다. 그 둘은 서로 알지 못한채 손에 연료를 들고, 프라자파티에게 갔다.

tad dhobhaye devāsurā anububudhire । te hocur hanta tam ātmānam anvecchāmo yam ātmānam anviṣya sarvāṃś ca lokān āpnoti sarvāṃś ca kāmān iti । indro haiva devānām abhipravavrāja virocano 'surāṇām । tau hāsaṃvidānāv eva samitpāṇī prajāpatisakāśam ājagmatuḥ ॥

3. 그들은 32년 동안 [프라자파티 밑에서] 신성한 지식을 공부하는 학생으로서 살았다. 그러자 프라자파티가 그들에게 말했다. "그대들은 무

엇을 바라면서 살았는가?" 그러자 그들은 이렇게 말했다. "우리는 '악에서 자유롭고, 늙지 않고, 죽지 않고, 슬픔도 없고, 배고픔도 없고, 목마름도 없고, 욕망이 진실하고, 사유도 진실한 아트만, 그 [아트만]은 탐구되어야 하며, 알고자 해야 한다. 그 아트만을 완전하게 알고 이해한 사람은 모든 세계를 얻으며, 모든 욕망을 달성한다.'라고 하는 스승님의 말씀을 듣게 되었습니다. 우리는 그 [아트만]를 바라면서 살았습니다."

tau ha dvātriṃśataṃ varṣāṇi brahmacaryam ūṣatuḥ । tau ha prajāpatir uvāca । kim icchantāv avāstam iti । tau hocatur ya ātmā apahatapāpmā vijaro vimṛtyur viśoko vijighatso 'pipāsaḥ satyakāmaḥ satyasaṃkalpaḥ so 'nveṣṭavyaḥ sa vijijñāsitavyaḥ । sa sarvāṃś ca lokān āpnoti sarvāṃś ca kāmān yas tam ātmānam anuvidya vijānātīti bhagavato vaco vedayante । tam icchantāv avāstam iti ॥

4. 프라자파티는 그들에게 말했다. "눈 속에 보이는 사람, 그 [사람]이 아트만이다. 그것은 죽지 않으며, 두려움도 없다. 그 [사람]이 브라만이다."[098]

그러자 그들이 물었다. "스승님, 그러면 이 물속에서 보이는 [사람]과 이 거울 속에서 보이는 [사람], 그 중에 누가 그 [아트만]입니까?" 그러자 프라자파티가 말했다. "그 둘 모두에서 그 [아트만]이 발견된다."

tau ha prajāpatir uvāca ya eṣo 'kṣiṇi puruṣo dṛṣyata eṣa ātmeti hovāca । etad amṛtam abhayam etad brahmeti । atha yo 'yaṃ bhagavo 'psu parikhyāyate yaś cāyam ādarśe katama eṣa iti । eṣa u evaiṣu sarveṣvanteṣu parikhyāyata iti hovāca ॥

여덟 번째 칸다 : 육체적 아트만

1. 프라자파티는 말했다. "물그릇에 비친 자신을 보아라. 그리고 너희들이 아트만에 대해서 모르는 것을 나에게 말하도록 해라." 그리하여 그 둘은 물그릇을 들여다 보았다.
그러자 프라자파티가 그들에게 물었다. "너희들은 무엇을 보았느냐?"
그러자 그들은 말했다. "스승님, 우리는 머리카락에서 발끝까지 자신과 똑같은 모습을 봅니다."
udaśarāva ātmānam avekṣya yad ātmano na vijānīthas tan me prabrūtam iti । tau hodaśarāve 'vekṣāṃ cakrāte । tau ha prajāpatir uvāca kiṃ paśyatha iti । tau hocatuḥ sarvam evedam āvāṃ bhagava ātmānaṃ paśyāva ā lomabhyaḥ ā nakhebhyaḥ pratirūpam iti ॥

2. 그러자 프라자파티는 그들에게 말했다. "잘 장식하고, 잘 차려입고, 잘 치장한 후에 물그릇 속을 보아라." 그러자 그들은 잘 장식하고, 잘 차려입고, 잘 치장한 후에 물그릇 속을 보았다. 그러자 프라자파티가 그들에게 물었다. "무엇을 보았느냐?"
tau ha prajāpatir uvāca sādhvalaṃkṛtau suvasanau pariṣkṛtau bhūtvodaśarāve 'vekṣethām iti । tau ha sādhvalaṃkṛtau suvasanau pariṣkṛtau bhūtvodaśarāve 'vekṣāṃ cakrāte । tau ha prajāpatir uvāca kiṃ paśyatha iti ॥

3. 그러자 그들은 말했다. "스승님, 여기 있는 우리들이 잘 장식하고, 잘 차려입고, 잘 치장한 것처럼, [물그릇 속의] 그들도 잘 장식하고, 잘 차

려입고, 잘 치장했습니다." 그러자 [프라자파티가] 말했다. "그것이 아트만이다. 그것은 죽지 않고, 두려움이 없다. 그것이 브라만이다." 그러자 그들은 고요한 마음으로 [만족해서] 돌아갔다.

tau hocatur yathaivedam āvāṃ bhagavaḥ sādhvalaṃkṛtau suvasanau pariṣkṛtau sva evam evemau bhagavaḥ sādhvallaṃkṛtau suvasanau pariṣkṛtāv iti । eṣa ātmeti hovāca । etad amṛtam abhayam etad brahmeti । tau ha śāntahṛdayau pravavrajatuḥ ॥

4. 프라자파티는 그들을 바라보면서 말했다. "그들은 아트만을 얻지 못하고, 알지 못하고 돌아갔구나. [그러니 아트만]에 대한 비밀스런 가르침이 나타나게 되면, 신이든 악마든 그들은 소멸하게 될 것이다."

비로차나는 고요한 마음을 가지고 악마들에게 가서, 그들에게 [자신이 공부한] 비밀의 가르침을 말했다. "여기 이 [육신]은 사랑스러운 아트만이다.[099] 여기 이 [육신]은 헌신해야할 아트만이다. 이 아트만을 사랑하고, 이 아트만에 헌신하는 자는 이 세계와 저 세계를 모두 얻는다."

tau hānvīkṣya prajāpatir uvāca । anupalabhyātmānam ananuvidya vrajato yatara etad upaniṣado bhaviṣyanti devā vā asurā vā te parābhaviṣyantīti । sa ha śāntahṛdaya eva virocano 'surāñ jagāma । tebhyo haitām upaniṣadaṃ provāca ātmaiveha mahayya ātmā paricaryaḥ । ātmānam eveha mahayann ātmānaṃ paricarann ubhau lokāv āpnotīmaṃ cāmuṃ ceti ॥

5. 그러므로 지금도 사람들은 보시하지 않는 자, 믿음이 없는 자, 제사를 지내지 않는 자들을 악마라고 말한다. 왜냐하면 그것이 악마들의 비밀스런 가르침이기 때문이다. 그들은 죽은 자의 육신을 구걸한 옷이나 장신구로 꾸미고 치장한다. 왜냐하면 그들은 그렇게 해서 저 세계

를 얻는다고 생각하기 때문이다.

tasmād apy addyehādadānam aśraddadhānam ayajamānam āhur āsuro bateti । asurāṇāṃ hy eṣopaniṣat । pretasya śarīraṃ bhikṣayā vasanenālaṃkāreṇeti saṃskurvanti । etena hy ammuṃ lokaṃ jeṣyanto manyante ॥

아홉 번째 칸다 : 육체적 아트만의 위험

1. 그러나 인드라는 신들에게 도착하기 전에 다음과 같은 위험을 알게 되었다. '[그 육체적 아트만]은 이 육신이 잘 꾸며지면 잘 꾸며지고, [이 육신이] 잘 입혀지면 잘 입혀지고, [이 육신이] 잘 치장되면 잘 치장된다. 그와 마찬가지로 [이 육신이] 눈이 멀면 눈이 멀게 되고, [이 육신이] 절름발이면 절름발이가 되고, [이 육신이] 훼손되면 훼손된다. 그리고 이 육신이 소멸하멸 그 [육체적 아트만]도 소멸한다. 나는 여기서 아무런 즐거움도 볼 수 없다.'

atha hendro 'prāpyaiva devān etad bhayaṃ dadarśa । yathaiva khalv ayam asmiñ charīre sādhvalaṃkṛte sādhvalaṃkṛto bhavati suvasane suvasanaḥ pariṣkṛte pariṣkṛta evam evāyam asminn andhe 'ndho bhavati srāme srāmaḥ parivṛkṇe parivṛkṇaḥ । asyaiva śarīrasya nāśam anv eṣa naśyati । nāham atra bhogyaṃ paśyāmīti ॥

2. [인드라]는 손에 연료를 들고 다시 [프라자파티에게] 갔다. 그러자 프라자파티는 그에게 말했다. "마가반이여[100], 그대는 고요한 마음을 가지고 비로차나와 함께 돌아갔는데, 무엇을 바라고 다시 돌아왔는가?"

그러자 [인드라]는 말했다. "[육체적 아트만]은 육신이 잘 꾸며지면 잘 꾸며지고, [육신이] 잘 입혀지면 잘 입혀지고, [육신이] 잘 치장되면 잘 치장됩니다. 그와 마찬가지로 [육신이] 눈이 멀면 눈이 멀게 되고, [육신이] 절름발이면 절름발이가 되고, [육신이] 훼손되면 훼손됩니다. 그리고 육신이 소멸하면 그 [육체적 아트만]도 소멸합니다. 나는 여기서 아무런 즐거움도 볼 수 없습니다."

sa samitpāṇiḥ punar eyāya । taṃ ha prajāpatir uvāca । maghavan yac chāntahṛdayaḥ prāvrājīḥ sārdhaṃ virocanena kim icchan punar āgama iti । sa hovāca yathā eva khalv ayaṃ bhagavo 'smiñ charīre sādhvalaṃkṛte sādhvalaṃkṛto bhavati suvasane suvasanaḥ pariṣkṛte pariṣkṛta evam evāyam asminn andhe 'ndho bhavati srāme srāmaḥ parivṛkṇe parivṛkṇaḥ । asyaiva śarīrasya nāśam anv eṣa naśyati । nāham atra bhogyaṃ paśyāmīti ॥

3. 그러자 [프라자파티는] 말했다. "마가반이여, [육체적 아트만]은 그와 같은 [위험을 가지고] 있다. 내가 그대에게 더 자세하게 설명해 줄테니, 다시 나와 함께 32년을 살도록 해라. 그러자 [인드라]는 [프라자파티와] 다시 32년을 살았다. 그러자 [프라자파티는] 그에게 말했다.

evam evaiṣa maghavann iti hovāca । etaṃ tv eva te bhūyo 'nuvyākhyāsyāmi । vasāparāṇi dvātriṃśataṃ varṣāṇīti । sa hāparāṇi dvātriṃśataṃ varṣāṇy uvāsa । tasmai hovāca ॥

열 번째 칸다 : 꿈속에 있는 아트만의 위험

1. "꿈속에서 즐겁게 돌아다니는 자, 그가 아트만이다. 그는 죽지 않는 자이며, 두려움이 없는 자이다. 그것이 브라만이다." 그러자 인드라는 고요한 마음을 가지고 돌아갔다.

그러나 그는 신들에게 도착하기 전에 다음과 같은 위험을 보았다. '이 육신이 장님이라고 해도 [꿈속의 아트만]은 장님이 아니다. [이 육신이] 절름발이라고 해도 [꿈속의 아트만]은 절름발이가 아니다. [꿈속의 아트만]은 이 [육신]의 손상 때문에 손상되지 않는다.'

ya eṣa svapne mahīyamānaś caraty eṣa ātmeti hovāca । etad amṛtam abhayam etad brahmeti । sa ha śāntahṛdayaḥ pravavrāja । sa hāprāpyaiva devān etad bhayaṃ dadarśa । tad yady apīdaṃ śarīram andhaṃ bhavaty anandhaḥsa bhavati yadi srāmam asrāmaḥ । naivaiṣo 'sya doṣeṇa duṣyati ॥

2. [인드라는 계속해서 생각했다.] '[꿈속의 아트만]는 살해자에 의해서 살해되지 않는다. [꿈속의 아트만]은 병으로 절름발이가 되지 않는다. 그러나 [꿈속에서도 살해자]는 그를 죽이거나 발가벗긴다. 그렇게 [꿈속의 아트만]은 불쾌한 것을 경험하면서 눈물을 흘리기도 한다. 나는 여기에서 아무런 기쁨도 볼 수 없다.'

na vadhenāsya hanyate । nāsya srāmyeṇa srāmaḥ । ghnanti tv evainam । vicchādayantīva । apriyavetteva bhavati । api roditīva nāham atra bhogyaṃ paśyāmīti ॥

3. [인드라]는 손에 연료를 들고 다시 [프라자파티에게] 돌아갔다. 그러자

프라자파티는 그에게 말했다. "마가반이여, 그대는 고요한 마음을 가지고 돌아갔는데, 무엇을 바라고 다시 돌아왔는가?"
그러자 [인드라]는 말했다. "스승이시여, 육신이 장님이라고 해도 [꿈속의 아트만]은 장님이 아닙니다. 육신이 절름발이라고 해도 [꿈속의 아트만]은 절름발이가 아닙니다. 실로 [꿈속의 아트만]은 [육신의] 손상 때문에 손상되지 않습니다."
sa samitpāṇiḥ punar eyāya । taṃ ha prajāpatir uvāca । maghavan yac chāntahṛdayaḥ prāvrājīḥ kim icchan punar āgama iti । sa hovāca । tad yady apīdaṃ bhagavaḥ śarīram andhaṃ bhavaty anandhaḥ sa bhavati yadi srāmam asrāmaḥ । naivaiṣo 'sya doṣeṇa duṣyati ॥

4. [인드라는 계속해서 말했다.] "[꿈속의 아트만]는 살해자에 의해서 살해되지 않습니다. [꿈속의 아트만]은 병으로 절름발이가 되지 않습니다. 그러나 [꿈속에서도 살해자]는 [꿈속의 아트만]을 죽이거나 발가벗깁니다. 그와 같이 [꿈속의 아트만]은 불쾌한 것을 경험하면서 눈물을 흘리기도 합니다. 나는 여기에서 아무런 기쁨도 볼 수 없습니다."
그러자 [프라자파티가] 말했다. "그렇다. 마가반이여, [꿈속의 아트만]은 그와 같은 [위험을 가지고] 있다. 내가 그대에게 더 자세하게 설명해 줄테니, 다시 나와 함께 32년을 살도록 해라."그러자 [인드라]는 [프라자파티와] 다시 32년을 살았다. 그러자 [프라자파티는] 그에게 말했다.
na vadhenāsya hanyate । nāsya srāmyeṇa srāmaḥ । ghnanti tv ivainam । vicchādayantīva । apriyavetteva bhavati । api roditīva । nāham atra bhogyaṃ paśyāmīti । evam evaiṣa maghavann iti hovāca । etaṃ tv eva te bhūyo 'nuvyākhyāsyāmi । vasāparāṇi

dvātriṃśataṃ varṣāṇīti । sa hāparāṇi dvātriṃśataṃ varṣāṇy uvāsa । tasmai hovāca ॥

열한 번째 칸다 : 깊은 잠 속에 있는 아트만의 위험

1. 프라자파티는 이렇게 말했다. "깊고 고요하게 잠들어서 꿈도 꾸지 않을 때, 그것이 아트만이다. 그것은 불멸하는 것이며, 두려움이 없는 것이다. 그것이 바로 브라만이다." 그러자 인드라는 고요한 마음을 가지고 돌아갔다.
그러나 그는 신들에게 도착하기 전에 다음과 같은 위험을 보았다. '그런데 그 [아트만]은 "이것이 나다."라고 분명하게 자신을 알지 못하고, 여기 있는 여러 사물들도 알지 못한다. 그것은 고갈되어 죽은 것과 똑같다. 나는 거기서 아무런 기쁨도 찾을 수가 없다.'
tad yatraitat suptaḥ samastaḥ saṃprasannaḥ svapnaṃ na vijānātyeṣa ātmeti hovāca । etad amṛtam abhayam etad brahmeti । sa ha śāntahṛdayaḥ pravavrāja । sa hāprāpyaiva devān etad bhayaṃ dadarśa । nāha khalv ayam evaṃ saṃpraty ātmānaṃ jānāty ayam aham asmīti । no evemāni bhūtāni । vināśam evāpīto bhavati । nāham atra bhogyaṃ paśyāmīti ॥

2. [인드라]는 손에 연료를 들고 다시 [프라자파티]에게 돌아갔다. 그러자 프라자파티는 [인드라에게] 말했다. "마가반이여, 그대는 고요한 마음으로 돌아갔는데, 무엇을 바라면서 다시 돌아왔는가?"
그러자 [인드라]는 말했다. "스승이여, 그 [아트만]은 '이것이 나다.'라고 분명하게 자신을 알지 못하고, 여기 있는 여러 사물들도 알지 못합니다. 그것은 고갈되어 죽은 것과 똑같습니다. 나는 거기서 아무런 기쁨도 찾을 수가 없습니다."

sa samitpāṇiḥ punar eyāya । taṃ ha prajāpatir uvāca maghavan yac chāntahṛdayaḥ prāvrājīḥ kim icchan punar āgama iti । sa hovāca nāha khalv ayaṃ bhagava evaṃ saṃpraty ātmānaṃ jānāty ayam aham asmīti । no evemāni bhūtāni । vināśam evāpīto bhavati । nāham atra bhogyaṃ paśyāmīti ॥

3. 그러자 [프라자파티]가 말했다. "마가반이여, 그 [아트만]은 그와 같다. 나는 그대에게 [아트만]을 자세하게 설명해 주겠다. 그 밖에 다른 [가르침]은 없다. [그렇지만] 그대는 나와 함께 5년을 더 살아야 한다." 그러자 인드라는 프라자파티와 5년을 더 살았다. 그래서 그 [햇수]가 101년이 되었다. 그래서 사람들은 '실로 101년 동안 마가반은 프라자파티와 함께 신성한 지식을 공부하는 학생의 삶을 살았다.'라고 말하는 것이다. 그러자 [프라자파티]는 [인드라]에게 말했다.

evam evaiṣa maghavann iti hovāca । etaṃ tv eva te bhūyo 'nuvyākhyāsyāmi । no evānyatraitasmāt । vasāparāṇi pañca varṣāṇīti । sa hāparāṇi pañca varṣāṇy uvāsa । tāny ekaśataṃ saṃpeduḥ । etat tad yad āhuḥ । ekaśataṃ ha vai varṣāṇi maghavān prajāpatau brahmacaryam uvāsa । tasmai hovāca ॥

열두 번째 칸다 : 육신에서 벗어난 진실한 아트만

1. [프라자파티는 이렇게 말했다.] "마가반이여, 이 육신은 죽으며, 죽음에 붙잡혀 있다. 그러나 이 [육신]은 죽음이 없고, 육신이 없는 아트만

의 토대이다. 육신을 가지고 있을 때 [아트만]은 좋은 것과 싫은 것에 붙잡히게 된다. 육신을 가지고 있을 때 그 [아트만]은 좋은 것과 싫은 것에서 벗어날 수 없다. [그러나] 그 [아트만]이 육신에서 벗어나 있을 때, 좋은 것과 싫은 것은 그 [아트만]을 건드리지 못한다."

maghavan martyaṃ vā idaṃ śarīram āttaṃ mṛtyunā । tad asyāmṛtasyāśarīrasyātmano 'dhiṣṭhānam । ātto vai saśarīraḥ priyāpriyābhyām । na vai saśarīrasya sataḥ priyāpriyayor apahatir asti । aśarīraṃ vāva santaṃ na priyāpriye spṛśataḥ ॥

2. [프라자파티는 다시 말했다.] "바람은 육신이 없다. 구름, 번개, 천둥도 육신이 없다. 그런데 그것들이 저 허공으로부터 일어나 최고의 빛에 도달하면 자신의 모습을 드러내듯이."

aśarīro vāyuḥ । abhraṃ vidyut stanayitnur aśarīrāṇy etāni । tad yathaitāny amuṣmād ākāśāt samutthāya paraṃ jyotir upasaṃpadya svena rūpeṇābhiniṣpadyante ॥

3. [프라자파티는 계속해서 말했다.] "[깊은 잠 속에 있는] 고요한 [아트만]도 육신으로부터 일어나 최고의 빛에 도달하면 자신의 모습을 드러낸다. 그것이 바로 최고의 사람이다. 거기서 그 [사람]은 이 육신이라는 부속물을 잊어버리고 여자들, 마차들, 혹은 친척들과 웃거나 장난치면서 즐겁게 돌아다니는 것이다.

[그런데] 마차 끄는 동물들이 마차에 묶여 있는 것처럼, 여러 생명 기능들도 이 육신에 묶여 있다."

evam evaiṣa saṃprasādo 'smāc charīrāt samutthāya paraṃ jyotir upasaṃpadya svena rūpeṇābhiniṣpadyate । sa uttamapuruṣaḥ । sa tatra paryeti jakṣat krīḍan ramamāṇaḥ strībhir vā yānair vā jñātibhir vā nopajanaṃ smarann idaṃ śarīram । sa yathā prayogya ācaraṇe yukta evam evāyam asmiñ charīre prāṇo yuktaḥ ॥

4. [프라자파티는 계속해서 말했다.] "눈이 그렇게 공간을 향하면, 그 [아트만]은 보는 사람이 되고, 눈은 보기 위한 [도구]가 된다. 그와 같이 '이것을 냄새 맡자.'라고 아는 자, 그가 아트만이며, 코는 냄새맡기 위한 [도구]이다. 또 '이것을 말하자.'라고 아는 자, 그가 아트만이며, 말은 말하기 위한 [도구]이다. 또 '이것을 듣자.'라고 아는 자, 그가 아트만이며, 귀는 듣기 위한 [도구]이다."
atha yatraitad ākāśam anuviṣaṇṇaṃ cakṣuḥ sa cākṣuṣaḥ puruṣo darśanāya cakṣuḥ । atha yo vededaṃ jighrāṇīti sa ātmā gandhāya ghrāṇam । atha yo vededam abhivyāharāṇīti sa ātmā abhivyāhārāya vāk । atha yo vededaṃ śṛṇvānīti sa ātmā śravaṇāya śrotram ॥

5. [프라자파티는 계속해서 말했다.] "또 '이것을 생각하자.'라고 아는 자, 그가 아트만이며, 마음은 그 [아트만]의 신성한 눈이다. 그 [아트만]은 신성한 눈인 마음으로 그 브라만의 세계에서 욕망을 보고 즐긴다."
atha yo vededaṃ manvānīti sa ātmā । mano 'sya daivaṃ cakṣuḥ । sa vā eṣa etena daivena cakṣuṣā manasaitān kāmān paśyan ramate ya ete brahmaloke ॥

6. [프라자파티는 말했다.] "신들은 그 아트만을 숭배한다.[101] 그러므로 이 모든 세계와 모든 욕망들은 그 [신]들에게 붙잡혀 있는 것이다. 그 아트만을 찾아내어 이해한 자는 모든 세계와 모든 욕망들을 성취한다."

프라자파티는 그렇게 말했다. 프라자파티는 그렇게 말했다.

taṃ vā etaṃ devā ātmānam upāsate । tasmāt teṣāṃ sarve ca lokā āttāḥ sarve ca kāmāḥ । sa sarvāṃś ca lokān āpnoti sarvāṃś ca kāmān yas tam ātmānam anuvidya vijānāti । iti ha prajāpatir uvāca prajāpatir uvāca ॥

열세 번째 칸다 : 완성된 자의 노래 1

1. 나는 어둠으로부터 얼룩덜룩한 곳으로 갔다. 나는 얼룩덜룩한 곳으로부터 다시 어둠으로 갔다. [그리고] 완성된 나는 말이 갈기를 흔드는 것처럼 악을 떨쳐 버리고, 달이 라후의 입에서 풀려나는 것처럼[102] 육신에서 벗어나, 무작(無作)의 브라만 세계에 도달하였다. 나는 [거기에] 도달하였다.

śyāmāc chabalaṃ prapadye । śabalāc chyāmaṃ prapadye । aśva iva romāṇi vidhūya pāpaṃ candra iva rāhor mukhāt pramucya dhūtvā śarīram akṛtaṃ kṛtātmā brahmalokam abhisaṃbhavāmīty abhisaṃbhavāmīti ॥

열네 번째 칸다 : 완성된 자의 노래 2

1. 허공이라고 말해지는 것은 이름과 형태를[103] 만들어내는 자이다. 그 [이름과 형태] 속에 있는 것, 그것이 브라만이다. 그것은 불멸자이다. 그것이 아트만이다.

나는 프라자파티의 거주처로 들어갔다. 나는 바라문들의 영광이며, 크샤트리야들의 영광이며, 바이샤들의 영광이다. 나는 영광을 달성하였다. 나는 영광 중의 영광이다.

[그러니] 내가 백발이 되지 않고, 이가 빠지지 않도록, 내가 이가 빠지고, 백발이 되지 않고, 콧물흘리는 노인이 되지 않도록 하라.

ākāśo vai nāma nāmarūpayor nirvahitā । te yad antarā tad brahma tad amṛtaṃ sa ātmā । prajāpateḥ sabhāṃ veśma prapadye yaśo 'haṃ bhavāmi brāhmaṇānāṃ yaśo rājñām yaśo viśām । yaśo 'ham anuprāpatsi । sa hāhaṃ yaśasāṃ yaśaḥ । śyetam adatkam adatkaṃ śyetaṃ lindu mābhigāṃ lindu mābhigām ॥

열다섯 번째 칸다 : 제자에게 주는 마지막 가르침

1. 이것은 브라만이 프라자피티에게, 프라자파티가 마누에게, 마누가 그 후손들에게 말했던 [가르침]이다.

규범에 따라 스승들에게서 베다를 공부하고, 해야할 일을 남김없이 끝내고 집으로 돌아와, 가족과 함께 머물며 청정한 곳에서 [베다를] 낭송하고 공부하면서 도덕적으로 살고, 자신의 모든 감관을 아트만에 집중하면서, 정해진 장소[104] 밖에서는 어떤 중생도 해치지 않는 사람, 그와 같은 삶을 산 사람은 브라만의 세계에 도달하며 다시는 이 [세계]로 돌아오지 않는다. 다시는 이 [세계]로 돌아오지 않는다.[105]

tad dhaitad brahmā prajāpataya uvāca prajāpatir manave manuḥ prajābhyaḥ । ācāryakulād vedam adhītya yathāvidhānaṃ guroḥ karmātiśeṣeṇābhisamāvṛtya kuṭumbe śucau deśe svādhyāyam adhīyāno dharmikān vidadhad ātmani sarvendriyāṇi saṃpratiṣṭhāpyāhiṃsan sarvabhūtāny anyatra tīrthebhyaḥ । sa khalv evaṃ vartayan yāvad āyuṣaṃ brahmalokam abhisaṃpadyate । na ca punar āvartate na ca punar āvartate ॥

| 미 주 |

001 '프라파타카'는 '아다야'와 마찬가지로 '가르침, 장(章)' 등의 의미이다. 흄은 『찬도갸 우파니샤드』의 장을 프라파타카(prapāṭhaka)라고 표기하였고, 올리벨레는 아다야(adhyāya)라고 표기하였다. 여기서는 흄에 따라서 '프라파타카'라고 표기하였다.

'사만'(sāman)이라는 말은 '① 『사마 베다』, ② 『사마 베다』에 수록되어 있는 찬가, 그리고 ③ 『사마 베다』에 수록되어 있는 찬가의 낭송'이라는 의미를 모두 가지고 있다. 그러므로 문맥에 따라서 위의 의미들을 잘 적용해서 읽어야 한다. 『찬도갸 우파니샤드』는 『사마 베다』 계통에 속하므로 '사만'을 중시한다. 역주.

002 '우드기타'란 '『사마 베다』의 본문 부분' 혹은 '『사마 베다』의 본문 부분을 큰소리로 낭송하는 것'을 의미하는데, 사만의 여러 요소 가운데 가장 중요한 요소로 간주된다. 모든 베다들의 낭송은 '옴'이라는 말로 시작되는데, 여기서는 그 '옴'이라는 말이 우드기타와 동일한 의미를 가지는 것으로 사용되었다. 역주, 그리고 Hume.

003 '리츠'(ṛc=ṛg)란 '찬가'를 의미하는데, 여기서는 특히 『리그 베다』, 혹은 『리그 베다』의 찬가를 의미한다. 역주.

004 세 가지 베다란 리그, 사마, 야주르의 세 베다를 말한다. Hume.

005 바라문 가운데 호트리 바라문은 『리그 베다』를 담당하고, 아드바류 바라문을 『야주르 베다』를 담당하며, 우드가트리 바라문은 『사마 베다』를 담당한다. Hume.

006 이와 유사한 이야기가 BU. 1. 3에서도 발견된다. Hume.

007 『사마 베다』는 주로 『리그 베다』에서 발췌한 내용들로 구성되어 있다. Hume.

008 'kapyāsa'의 사전적 의미는 '원숭이의 엉덩이'이지만, 여기서 그런 의미는 적절하다고 생각되지 않는다. 그에 따라 Böhtlingk(1889b)는 그 용어가 'kapilāsaṁ'(갈색)일 것이라고 생각했다. 한편 Whitney(1890a, 413)는 그것이 무의미한 말일 것이라고 생각했고, Böhtlingk(1897b, 127)는 kalmāsaṁ(검은 반점)으로 해석했다. Olivelle.

009 'brahman'에는 '절대적 존재'라는 의미와 '사제 계급'이라는 의미가 모두 들어 있다. 이 책에서는 그것이 '절대적 존재'를 의미할 때는 '브라만', 사제 계급을 의미할 때는 '바라문'이라고 번역했다. 역주.

010 CU. 5. 3. 5에서 프라바하나는 바라문이 아니라 크샤트리야 왕족으로 말해진다. Hume.

011 세 종류의 사만이란 ① 프라스타바(prastāva), ② 우드기타(udgītha), ③ 프라티하라(pratihāra)를 말하는데, 이는 소마 제사에서 『사마 베다』를 낭송하는 프라스토트리(prastotṛ), 우드가트리(udgātṛ), 프라티하르트리(pratihartṛ)라고 하는 세 부류의 우드가트리 바라문과 관련되어 있다. 그들은 자신이 낭송하는 『사마 베다』의 내용에 따라서 구분되는데, 프라스토트리 바라문은 제사에서 『사마 베다』의 도입 부분인 ① 프라스타바를 낭송하는 바라문이고, 우드가트리 바라문은 『사마 베다』의 본문 부분인 ② 우드기타를 낭송하는 바라문이며, 프라티하르트리 바라문은 『사마 베다』에 들어 있는 게송들의 마지막 행의 시작 부분에 있는 특수한 음절들인 ③ 프라티하라와 함께 낭송의 중간에 끼어들어 낭송하는 바라문을 말한다. 이 가운데 프라스토트리 바라문과 프라티하르트리 바라문은 우드가트리 바라문을 보조하는 바라문이며, 이들은 크게 보면 모두 우드가트리 바라문이지만, 그 직무에 따라 다시 그 명칭이 구분되었던 것으로 보인다. 역주.

012 '아스타바'란 제사에서 특정 찬가를 낭송하도록 정해진 장소를 말한다. 역주.

013 '제주'란 '제사의 설립자'를 의미한다. 역주.

014 이 부분은 제사에서 물질만을 추구하는 바라문들에 대한 풍자로 생각된다. Radhakrishnan.

015 이 부분에 대한 번역과 설명에 대한 토론은 B. Faddegon, Acta Orientalia 5, pp.177~196을 보라. Hume.

016 'hau'라는 소리는 이 세계를 묘사하는 라탄타라 사만(rathantara sāman) 속에서 자주 나타난다. 그래서 그 소리는 이 세계와 동일시 되었다. Hume, 그리고 Swami.

017 'hai'라는 소리는 바람과 물의 융합을 묘사하는 바마데비야 사만(vāmadevya sāman) 속에서 자주 나타나며, 그 소리는 그 사만의 일부로 간주된다. 그래서 이 소리는 바람과 동일시 되었다. Hume, 그리고 Swami.

018 달은 음식으로 간주되었고 모든 존재는 음식 위에 설립되어 있는 것으로 생각되었다. 그런데 'atha'에서 'a'는 '음식'(annam)을 가리키는 것으로 'tha'는 '설립'(sthiti)을 가리키는 것으로 간주된다. 그래서 그 소리는 달을 가리키는 것으로 생각되었다. Hume, 그리고 Swami.

019 'iha'에는 '여기'라는 의미가 있다. 그런데 여기 존재하는 것 가운데 가장 확실하게 존재하는 것은 자기 자신이다. 그래서 그 소리는 자기 자신을 가리키는 것으로 생각되었다. Hume, 그리고 Swami. .

020 불을 찬양하는 모든 찬가들은 '이(ī)'라는 소리로 끝난다. 그래서 그 소리는 아

그니를 의미하는 것으로 간주되었다. Hume, 그리고 Swami. .

021 사람들은 해가 올라왔을 때(udaya) 그것을 노래하기 때문이다. Hume, 그리고 Swami.

022 사람들은 '오라'고 부를 때 'ehi'라고 말하기 때문이다. Hume, 그리고 Swami.

023 'auhoi'라는 소리는 비슈바데바 찬가 속에서 발견되기 때문이다. Hume, 그리고 Swami.

024 프라자파티는 규정되지 않으며, hiṅ이라는 소리도 명료하지 않기 때문이다. Hume, 그리고 Swami.

025 'svara'라는 소리는 흔히 숨쉬는 기능과 관련되어서 말해진다. 그래서 그 소리는 숨과 동일시되었다. Hume, 그리고 Swami.

026 여기 있는 모든 것은 음식의 도움으로 움직이기(yati) 때문이다. Hume, 그리고 Swami.

027 감탄사 'vāc'라는 소리는 비라즈에게 바치는 찬가 속에서 나타나기 때문이다. Hume.

028 이 문구는 CU. 1. 3. 7과 2. 8. 3에서도 발견되는 반복적이고 상투적인 표현이다. Hume.

029 '사만'(sāman)이라는 말에는 '『사마 베다』, 『사마 베다』에 수록되어 있는 찬가, 『사마 베다』에 수록되어 있는 찬가의 낭송'이라는 의미 외에도 '획득, 부, 풍부함, 부드러운 말'이라는 의미도 포함되어 있다. 역주.

030 'asāman'은 'sāman'과 반대의 의미이다. 역주.

031 다섯 종류의 사만이란 세 종류의 사만에 힝카라와 니다나를 포함시킨 것으로, ① 힝카라(hiṅkāra), ② 프라스타바(prastāva), ③ 우드기타(udgītha), ④ 프라티하라(pratihāra), ⑤ 니다나(nidhana)를 말한다. 세 종류의 사만은 CU. 1. 10의 미주에서 설명한 것과 같으며, ① 힝카라는 '예비적인 발성', ⑤ 니다나는 '최종 결론'을 의미한다. Hume.

032 이 문구는 AV. 9. 6. 47과 유사하다. Hume.

033 일곱 종류의 사만이란 다섯 종류의 사만에 '아디'와 '우파드바라'를 포함시킨 것으로, ① 힝카라(hiṅkāra), ② 프라스타바(prastāva), ③ 아디(ādi)는 ④ 우드기타(udgītha), ⑤ 프라티하라(pratihāra), ⑥ 우파드바라(upadrava), ⑦ 니다나(nidhana)를 말한다. 다섯 종류의 사만은 CU. 2. 2의 미주에서 설명한 것과 같으며, ③ 아디는 '낭송의 시작'이라는 의미이고, ⑥ 우파드바라는 '결론으로 접근하는 것'을 의미한다. Hume.

034 이 문구는 CU. 1. 3. 7과 1. 13. 4에서도 발견되는 상투적인 표현이다. Hume.

035 a-kṣa-ra는 세음절이다. Olivelle.

036 주석자는 이 세상과 태양의 거리를 다음과 같은 독특한 계산법으로 설명한다. 12개의 달들, 5개의 계절들, 3개의 공간들을 지나서 태양은 그 다음으로 스물한 번째의 거리에 있다. Hume.
037 nākam이라는 말은 어원학적인 기교를 통하여 na-a-kam, 즉 '욕망의 결핍이 없는, 즉 슬픔이 없는'이라는 형용사를 이끌어내기 위하여 고안된 것으로 보인다. Hume.
038 '가야트라 사만'이란 '가야트리 운율로 이루어진 사만'을 의미한다. 역주.
039 '세 개의 세계'들이란 '대지와 창공과 하늘'을 의미한다. Hume.
040 '불, 바람, 태양'은 각각 '대지, 창공, 하늘'이라는 세 개의 세계와 관련되어 있는 것으로 간주된다. 이 셋에 대한 다른 예로는 CU. 3. 15. 6을 보라. Hume.
041 '우슈만'이란 '치찰음 ś, ṣ, s, 비사르가 ḥ, 아누스바라 ṁ' 등을 의미한다. 역주.
042 'bhūr, bhuvaḥ, svar'라는 세 음절은 각각 '대지, 창공, 하늘'을 가리킨다. Hume.
043 '집주인의 불'이란 조상으로부터 대대로 전해진 불을 말하는데 여기서 제사의 불이 붙여진다. 역주.
044 이 게송의 원문을 보면 단어의 형태가 변형되어 있는데, 그것은 어떤 모음들을 특별히 길게 발음하거나, 감탄사 '훔'과 '아'를 삽입하여 노래하도록 표시한 것이다. Hume, 그리고 Olivelle.
045 '아타르반과 앙기라스의 찬가들'이란 『아타르바 베다』를 가리킨다. Hume.
046 '첫 번째 불사의 음료'란 『리그 베다』를 의미한다. 역주.
047 '두 번째 불사의 음료'란 『야주르 베다』를 의미한다. 역주.
048 '세 번째 불사의 음료'란 『사마 베다』를 의미한다. 역주.
049 '네 번째 불사의 음료'란 『아타르바 베다』를 말한다. 역주.
050 '다섯 번째 불사의 음료'란 『우파니샤드』를 의미한다. 역주.
051 이 게송은 RV. 10. 90. 3과 유사하지만 동일한 것은 아니다. Hume.
052 이와 유사한 언급이 BU. 2. 1. 5에서도 발견된다. Hume.
053 이 부분은 유명한 'Śāṇḍilya의 가르침'에 해당하는데, ŚBr. 10. 6. 3에서도 거의 그대로 발견된다. Hume.
054 샹카라는 '탓잘란'(taj-ja-lān)을 '이 세상의 모든 사물이 그것으로부터 생겨나고, 그것 속에서 숨쉬고, 그것 속으로 들어가는 것.'이라는 의미라고 해석하고, 그것이 브라만을 가리키는 용어라고 해석하였다. Hume.
055 여기서 '숨'이란 모든 세계의 숨인 '바람'을 의미한다. Hume.
056 샹카라는 이 게송의 '그와 함께'라고 말하는 부분에 아들의 이름을 넣어서 말해야 한다고 설명한다. Hume.
057 루드라에 대한 이와 유사한 설명이 BU. 3. 9. 4에서도 발견된다. Hume.

058 앞에서 언급한 시간들을 모두 합하면 160이 된다. 즉 24+44+48=160이다. 역주.

059 '우파사다 제사'는 소마 제사를 형성하는 '즈요티슈토마(Jyotiṣṭoma, 빛에 대한 찬양) 제사'의 일부에 해당하는데, 그 기간 동안 제주(祭主)에게는 특정량의 음식만이 허용된다. Hume.

060 이 부분은 SV. 1. 1. 10 및 RV. 8. 6. 30과 유사하다. Hume.

061 이 부분은 VS. 10. 90. 3 및 RV. 1. 50. 10과 유사하다. Hume.

062 이 부분은 RV. 10. 90. 3에서도 발견되며, CU. 3. 12. 5에서도 발견된다. Hume.

063 앞의 다섯이란 '바람, 불, 해, 달, 물'을 의미한다. CU. 4. 3. 1. 2를 참조하라. Hume.

064 뒤의 다섯이란 '숨, 말, 눈, 귀, 마음'을 의미한다. CU. 4. 3. 3과 비교하라. Hume.

065 'virāj'란 원초적 물질에 대한 초기의 신화적 표현이다. 이것은 10음절로 이루어진 운율의 이름이기도 하다. Hume.

066 이와 유사한 설명은 CU. 5. 10. 1~2에서도 발견된다. Hume.

067 샹카라에 의하면 '북쪽으로'란 '경사스러운 방향으로'라는 의미이다. Hume.

068 샹카라는 이렇게 말한다. '그것이 어떤 방향으로 가더라도, 즉 제사의 결함이 있더라도, 그 바라문은 자신의 지식을 가지고 그것을 고치는 방향으로 간다.' 한편 도이센은 이 부분을 이렇게 설명한다. '사람이 어떤 길을 향하더라도 그 바라문은 그 방향으로 간다.' 그러나 막스 뮬러는 이 부분을 또 다른 관점에서 해석한다. Hume.

069 '생명의 숨'이라는 말은 '감각들'이라고도 번역될 수 있을 것이다. 그러나 근대의 과학적인 관점에서 본다면 '생명 기능들'이라고 표현하는 것이 옛날의 관념을 더욱 정확하게 드러낼 수 있을지도 모른다. 이와 같은 생명 기능들이 서로 경쟁하는 모습은 BU. 6. 1. 7~14와 KU. 3. 3에서도 발견된다. Hume.

070 일반적으로 인도에서는 물을 조금 마시는 것으로부터 식사를 시작하며, 입을 헹구는 것으로 식사를 마친다. Hume.

071 '이 모든 것'이라는 말은 '이 모든 세계'라고 번역할 수도 있다. Hume.

072 이것은 RV. 5. 82. 1의 게송이다. Hume.

073 여기서 발견되는 슈베타케투에 대한 가르침은 BU. 6. 2에 있는 가르침과 유사하다. Hume.

074 여기서 가우타마는 슈베타케투의 아버지인 가우타마 아루니를 말한다. Hume.

075 이와 같은 '길'은 이미 CU. 4. 15. 5~6에서 설명되었다. Hume.

076 '뒤쪽의 보름'이란 한 달 가운데 '달이 작아지는 동안의 보름'을 의미한다. 역주.

077 이것은 파리나 모기와 같은 벌레를 의미한다. Hume.

078 이와 유사한 내용이 ŚBr. 10. 6. 1에서도 발견된다. Hume.

079 '손에 연료를 들고서 왔다.'는 말은 '제자가 되기 위해서 왔다.'는 의미이다. Hume.

080 '비존재로부터 존재가 생겨났다.'고 하는 주장은 CU. 3. 19. 1 및 TU. 2. 7에서 발견된다. Hume.

081 이에 대해서는 Egerton의 논의를 참고하라. JAOS. 35. 240~242. Hume.

082 범어에서 '이름과 형태'는 흔히 '개별적인 존재'라는 의미로 사용된다. Hume.

083 이 말은 CU. 6. 5. 1~4에서 언급되었다. Hume.

084 Egerton은 이 문구를 "『우파니샤드』의 철학적 원천들"이라는 논문에서 이렇게 번역했다. '미묘한 정수인 것, 이 우주는 그것을 자신의 정수로 갖고 있다. 그것이 실재이며, 그것이 아트만이며, 그것이 너 슈베타케투이다.' JAOS. 36(1916), 197~204, 및 200의 각주 5)를 참고하라. Hume.

085 이 문구의 번역에 대해서는 Edgerton, JAOS. 35, 242~245를 참고하라. Hume.

086 사람이 죽을 때 여러 생명 기능들이 정지하는 순서에 대한 이와 유사한 언급이 CU. 6. 8. 6에서도 발견된다. Hume.

087 이 부분에 대한 번역은 Edgerton에 의해서 언급되었다. JAOS. 35, 245~246을 참조하라. Hume.

088 여기 언급된 목록과 뒤에서 발견되는 일곱 번째 칸다에서 언급된 목록, 그리고 BU. 2. 4. 10; 4. 1. 2; 4. 5. 11에 있는 비슷한 목록들을 비교하라. 이 문구에 대한 해석에 대해서는 B. Faddegen이 Acta Orientalia, 4. 42~54에서 논의하고 있다. Hume.

089 궁극적 존재인 아트만은 규정될 수 없다고 하는 이와 유사한 언급이 Maitrī 5. 2에서도 발견된다. Hume.

090 스칸다(skanda)라는 말은 '뛰어넘는 자'를 의미한다. 이것은 어둠을 뛰어넘는 『우파니샤드』의 학설을 아는 사람과 후대 힌두이즘에서 전쟁의 신이며, 사람들의 지도자인 스칸다(Skanda)를 비유한 것인데, 이런 관념은 후대의 부가물이라고 생각된다. Hume.

091 샹카라는 이 문구에서 '브라만의 도시'를 '몸', '작은 연꽃'을 '심장'이라고 해석하였다. Hume.

092 여기서 '그 둘'이란 '바깥에 있는 허공'과 '심장 속에 있는 공간'을 말한다. 역주.

093 이것은 '깊은 잠 속에 있는 아트만'을 의미한다. Hume.

094 '티(ti)는 죽는 것'이라고 말한 이유는 '마르탸'(martya, 죽음)라는 단어 속에 'ti'라는 소리가 포함되어 있기 때문일 것이다. Hume.

095 '사티얌'(satiyam, 진실)에 대한 또 다른 형태의 분석이 BU. 5. 5. 1에서 발견된다. Hume.

096 샹카라는 이 복합어를 'a-nāśaka-ayana'로 분석했는데, 그의 분석에 따르면 이 복합어는 '불멸하는 것 속으로 들어가는 입구'를 의미한다. Hume.

097 이 게송은 Kaṭha 6. 16에서도 발견된다. Hume.

098 이 문구는 다음과 같이 해석될 수도 있다. "프라자피티는 말했다. '눈 속에서 보여지는 사람, 그가 그 아트만이다. 그것은 죽지 않으며, 두려움도 없다. 그것이 브라만이다." 그리고 이 문구는 이미 CU. 4. 15. 1에서도 발견된다. Hume.

099 'ātman'은 '자아'라는 의미 외에 '몸'이라는 의미도 가지고 있다. Hume.

100 '마가반'(maghavan)이란 '마음이 관대한 자'라는 의미이다. Hume.

101 여기서 언급하는 '신들'이란 인드라를 통하여 프라자파티의 가르침을 받은 신들을 말한다. Hume.

102 인도에는 오래 전부터 일식(日蝕)이나 월식(月蝕)이 라후라는 용이 달을 삼키려고 하기 때문에 일어난다고 하는 관념이 있었다. Hume.

103 인도에서 '이름과 형태'는 '개체'라는 의미로 사용되었다. Hume.

104 '정해진 장소'란 '제사 지내는 장소'를 의미한다. Hume.

105 '이 세계로 돌아오지 않는다.'라는 말은 윤회에서 벗어났다는 의미이다. Hume.